LE GRAND LIVRE DES
CERFS-VOLANTS

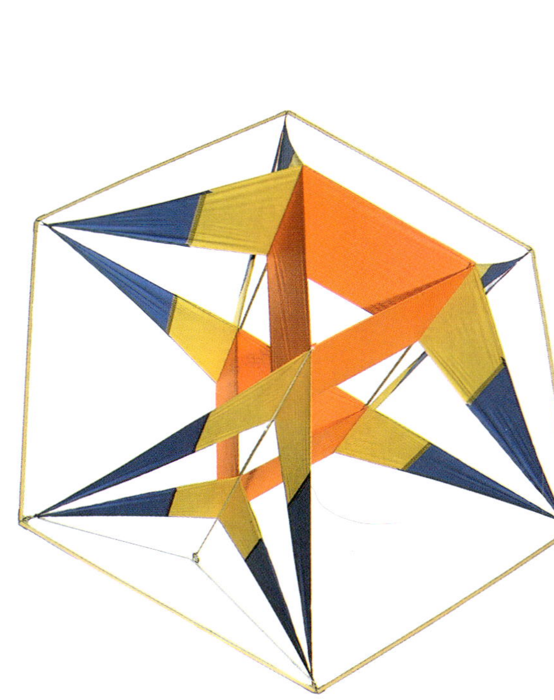

LE GRAND LIVRE DES CERFS-VOLANTS

PAUL ET HELENE MORGAN

HACHETTE

Avec la collaboration de *le ciel est à tout le monde*

Directeur : Adélaïde Barbey, Tanya Hines
Éditeur : Jean Arcache, Daphne Razazan
Directeur artistique : Carole Ash
Maquette : Nigel Osborne Associates
Traduction : Olivier Le Goff
Editeur assistant : Valérie Strauss-Kahn
Secrétaire d'édition : Sophie Lilienfeld
Fabrication : Gérard Piassale, Bernard Degril, Helen Creeke
Photocomposition : Nord Compo
Photogravure : Colourscan, Singapour
Impression : New Interlitho, Italie

N° d'édition : 23448/93004
Dépôt légal : 1478 - avril 1993
ISBN : 2.01.020431.X
23.214904.01/1

DORLING KINDERSLEY LIMITED

SOMMAIRE

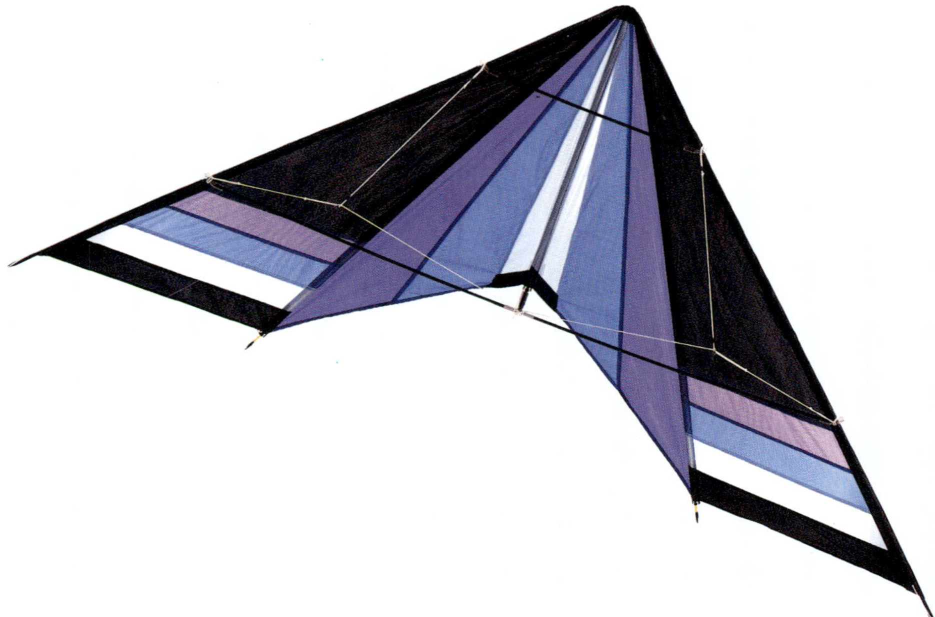

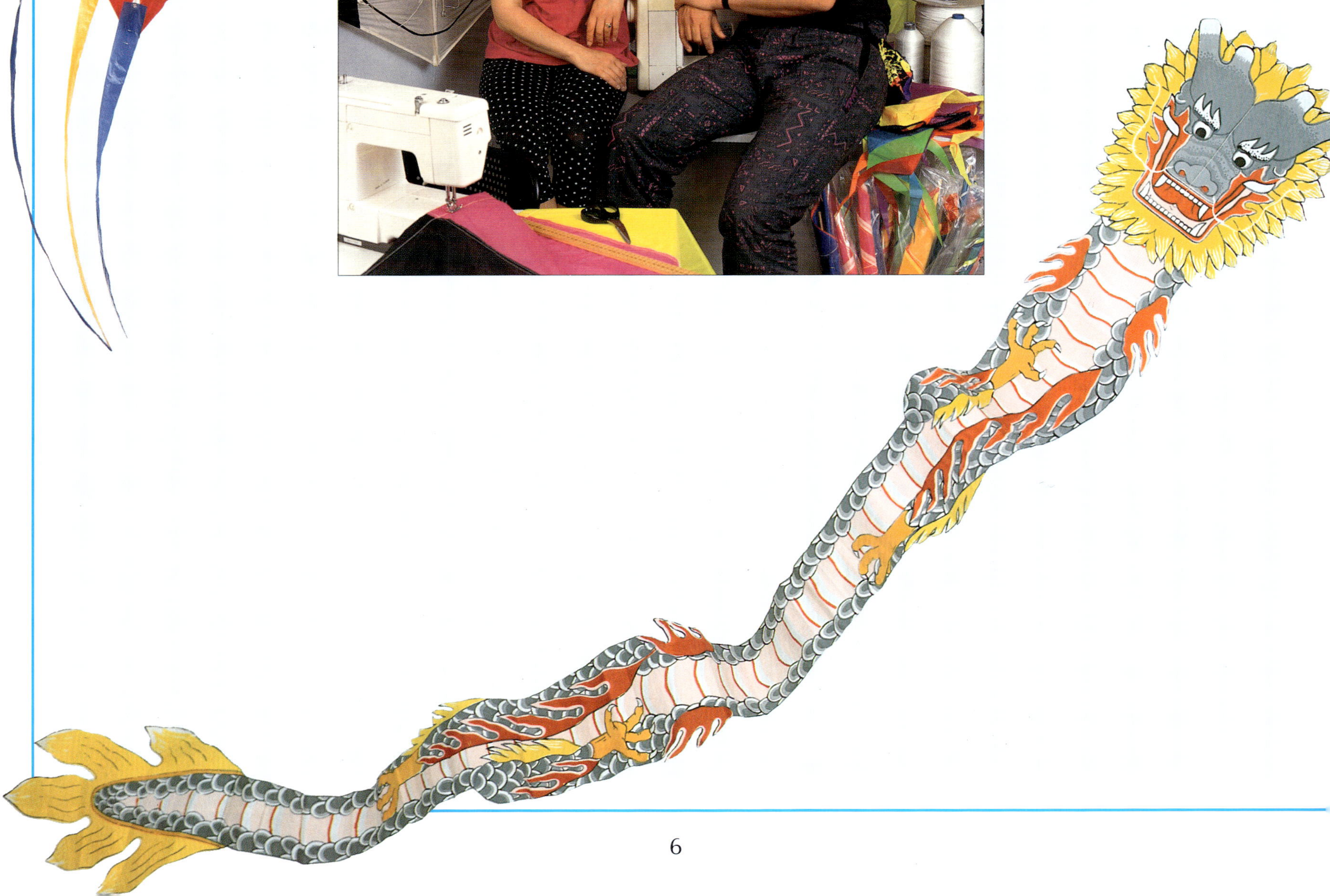

Introduction

Jadis passe-temps de nos grands-parents, le cerf-volant connaît aujourd'hui un regain d'intérêt : d'une part, parce qu'il répond aux préoccupations écologiques, d'autre part parce qu'il peut être pratiqué par tous, en zone urbaine comme en pleine campagne.

Chacun pourra trouver dans le cerf-volant un motif de satisfaction : les plus jeunes seront tout excités de faire voler un modèle monofil et d'admirer le mouvement des queues. Les plus âgés, à l'inverse, trouveront beaucoup de sérénité à faire voler un cerf-volant cellulaire et apprécieront la maîtrise que demande le pilotage d'un modèle acrobatique.

Quant à nous, le virus du cerf-volant nous a saisis le jour où nous avons acheté une "pieuvre" pour notre fils. Le premier jour, nous avons été entièrement occupés à le faire voler. Le lendemain, nous sommes allés acheter un deuxième cerf-volant, différent du premier. Nous nous sommes procurés tous les ouvrages qui traitaient du sujet et, nous aidant des conseils qu'ils prodiguaient, nous nous sommes mis à construire des cerfs-volants. Les instructions n'étant pas toujours explicites, nous avons fait des erreurs au début, mais bientôt nous avons eu le plaisir de réussir ce que nous avions entrepris. Nous nous sommes alors enhardis : nous affranchissant des conseils de fabrication, nous avons modifié les modèles pour voir en quoi cela affectait le comportement du cerf-volant. Nous avons ainsi véritablement créé plusieurs modèles de cerfs-volants.

Nous avons alors décidé de passer à l'étape suivante et de vivre de notre passion : en 1986, encouragés par notre association locale de cerfs-volistes et soutenus par une banque, nous avons créé Morgan Kites. Au départ, nous nous sommes contentés de vendre une gamme réduite, composée de nos créations et de quelques modèles classiques. Aujourd'hui, nos clients sont répartis dans le monde entier. Nous avons ouvert boutique à l'enseigne de Sky Bums, et nous y vendons des cerfs-volants du monde entier, mais aussi nos propres créations.

La passion du cerf-volant ne nous a pas quittés : notre émotion et notre joie sont toujours intactes, surtout lorsque nous créons des séries limitées.

Paul Morgan

Helene Morgan

Histoire du Cerf-Volant

C'est en Extrême-Orient que commence la merveilleuse histoire des cerfs-volants. A l'origine, ils avaient souvent la forme d'un oiseau et revêtaient une signification symbolique, qui s'est perpétuée jusqu'à ce jour dans le folklore et les légendes.

Le cerf-volant fait son apparition en Occident au moment des grandes découvertes, avec le développement des échanges commerciaux. Progressivement, ses capacités sont reconnues et exploitées, et il fait l'objet d'une grande créativité au XIXe siècle.

Cerfs-volants en Orient

La première trace que nous en ayons remonte à environ 500 avant J.C., date à laquelle un artisan construit ce qui était probablement un cerf-volant de bois en forme d'oiseau. Les premiers cerfs-volants chinois étaient de superbes objets en soie et en bambou ; vers le IIe siècle après J.C., l'apparition du papier de chiffon bon marché favorise la diffusion du cerf-volant, qui devient l'occasion de fêtes et de jeux.

Objets de la Chine traditionnelle
Ces cerfs-volants abondamment décorés sont utilisés depuis des siècles en Chine ; ils véhiculent une symbolique puissante.

Le Nouvel An japonais
Scène de rue à Tokyo, avec le Fuji-Yama à l'arrière-plan : à la richesse des motifs des costumes répond celle des cerfs-volants de papier.

Au service des armées

Les militaires chinois et japonais virent rapidement le parti à tirer du cerf-volant. Vers l'an 200 avant J.C., un général chinois utilise un cerf-volant pour évaluer la distance entre ses troupes et les murailles d'une citadelle assiégée. Il peut alors faire percer un tunnel de la bonne longueur pour faire irruption parmi les ennemis. Vers la même époque, un autre général fait lâcher de nuit des cerfs-volants équipés de harpes éoliennes, pour faire croire aux ennemis à la présence d'esprits malfaisants. De même, des estampes japonaises représentent des archers attachés à des cerfs-volants.

Fêtes et traditions

Partout en Extrême-Orient, le cerf-volant est depuis très longtemps associé à la vie religieuse : il jouait un rôle essentiel dans les rites d'invocation de la fertilité, de la clémence du temps ou dans les cérémonies saluant la naissance d'un enfant. Dans d'anciens textes de l'Inde, on trouve des références à des dieux et des déesses qui participent à des combats de cerfs-volants. En Indonésie, on voyait dans le cerf-volant un envoyé des dieux, et on considérait qu'il représentait l'âme de la personne qui le faisait voler.

Ce sont très probablement des missionnaires bouddhistes qui ont diffusé le cerf-volant en Corée et au Japon. Au début de chaque année, les familles coréennes inscrivent les noms et la date de naissance des enfants mâles sur un cerf-volant qu'ils font voler puis qu'ils lâchent : par ce geste, ils éloignent des enfants les esprits malins ; et ramasser un cerf-volant ainsi lâché, c'est attirer sur soi les esprits malins. Au Japon, les décorations représentent des personnages de légende ou des symboles d'heureuse fortune, comme la grue ou la tortue (longévité), ou le dragon (prospérité). Le 5e jour du 5e mois, les Japonais célèbrent les garçons nés l'année précédente, en faisant voler des manches à air très colorées en forme de poisson.

En Thaïlande, le cerf-volant fait l'objet de combats. Les deux formes traditionnelles sont le Chula, représentation masculine en forme de grande étoile, et le Pakpao, plus petit, représentation féminine en forme de losange. Pendant la mousson, on les fait voler pour éloigner les pluies ; le reste de l'année, on organise des combats : par équipes, des hommes doivent enchevêtrer les cerfs-volants de leurs adversaires. Les combats sont aussi très populaires en Inde, où ils réunissent des foules immenses.

Cerfs-volants en Occident

La pratique de la manche à air, ancêtre du cerf-volant, remonte, en Europe, à l'époque des Romains ; le cerf-volant, proprement dit, fit probablement son apparition en Occident aux XVe et XVIe siècles, grâce aux marchands hollandais, portugais et anglais.

L'une des premières traces que nous en ayons en Europe est la description faite par un certain della Porta, en 1589 : il décrivait un cerf-volant chinois rectangulaire, et pensait qu'il pouvait servir à soulever dans les airs des lanternes, des pétards voire des animaux.

Au début du XVIIIe siècle, le cerf-volant était très répandu en Europe, surtout parmi les enfants. En France cependant, les combats de cerfs-volants, très prisés, furent interdits en 1736, en raison des bagarres et des dégâts sur les récoltes qu'ils ne manquaient de provoquer.

Les cerfs-volants et l'électricité
L'expérience de Benjamin Franklin. Du fait de la pluie, la ligne métallique du cerf-volant conduit l'électricité jusqu'à une clef. Franklin tient la ligne par un ruban, puis touche la clef. Il prouve ainsi la nature électrique de l'éclair.

L'homme volant

Les cerfs-volants permirent également à l'homme d'assouvir cette antique envie : voler. Les pionniers du genre utilisaient de grands cerfs-volants bien stables qui assuraient une portance suffisante. Parmi ces pionniers, l'Américain S.F. Cody reste le plus célèbre (voir p. 11).

Du cerf-volant au planeur

En 1804, Sir George Cayley construisit une maquette de planeur dont la voilure était constituée par un cerf-volant, puis un planeur avec lequel il survola une vallée, devenant ainsi le premier à avoir volé en planeur. A la fin du XIXe siècle, l'Allemand Otto Lilienthal construisit un cerf-volant à ailes d'oiseau. Octave Chanute perfectionna le travail de Lilienthal et conçut un planeur biplan. C'est en s'inspirant de lui, par étapes successives, que les frères Wright mirent au point, en 1903, le premier aéroplane.

Un outil de recherche

Vers le milieu du XVIIIe siècle, on commença à s'intéresser aux possibilités qu'offrait le contrôle d'un objet en vol. C'est ainsi que deux Ecossais, Thomas Melvill et Alexander Wilson, mesurèrent la variation de la température de l'air en fonction de l'altitude, en fixant des thermomètres à six cerfs-volants réunis en train à la même ligne de retenue, répartis sur une hauteur de 900 mètres.

Citons également l'expérience de Benjamin Franklin en 1752, qui, pour prouver que les éclairs étaient un phénomène électrique et n'étaient donc pas d'origine divine, lança un cerf-volant en plein orage.

Le cerf-volant, force de traction

On connaissait depuis longtemps la force qu'exerçait sur la ligne de retenue un cerf-volant une fois stabilisé en l'air. En 1826, l'Anglais George Pocock fit breveter le char volant : le principe consistait à remorquer une voiture légère avec deux cerfs-volants.

L'idée fut reprise, et les cerfs-volants furent alors utilisés dans de nombreuses applications : pour lancer des torpilles sur des cibles, pour tendre un câble au-dessus de la rivière Niagara...

Les cerfs-volants et la technologie

Les progrès furent très rapides à l'aube du XXe siècle. Lawrence Hargrave, un Anglais émigré en Australie, mit au point en 1893 un cerf-volant cellulaire destiné aux prévisions météorologiques, puis un cerf-volant planeur dont la voilure incurvée augmentait la portance. L'Américain Eddy inventa, quant à lui, un cerf-volant courbe qui pouvait être stable en vol sans queue.

Les cerfs-volants furent utilisés, même après l'invention de l'avion, pour des observations militaires et des exercices de tir. Pendant la Seconde Guerre mondiale, ils servirent à la protection des navires.

Après la guerre, le cerf-volant se perfectionne avec les modèles souples, comme le cerf-volant-luge de William Allison. En 1963, Domina Jalbert invente le Parafoil, sur le principe de l'aile d'avion. Quelques années plus tard, apparaît le très maniable Flexifoil. Enfin, le cerf-volant acrobatique de Peter Powell se traduit par un regain d'intérêt populaire pour le cerf-volant.

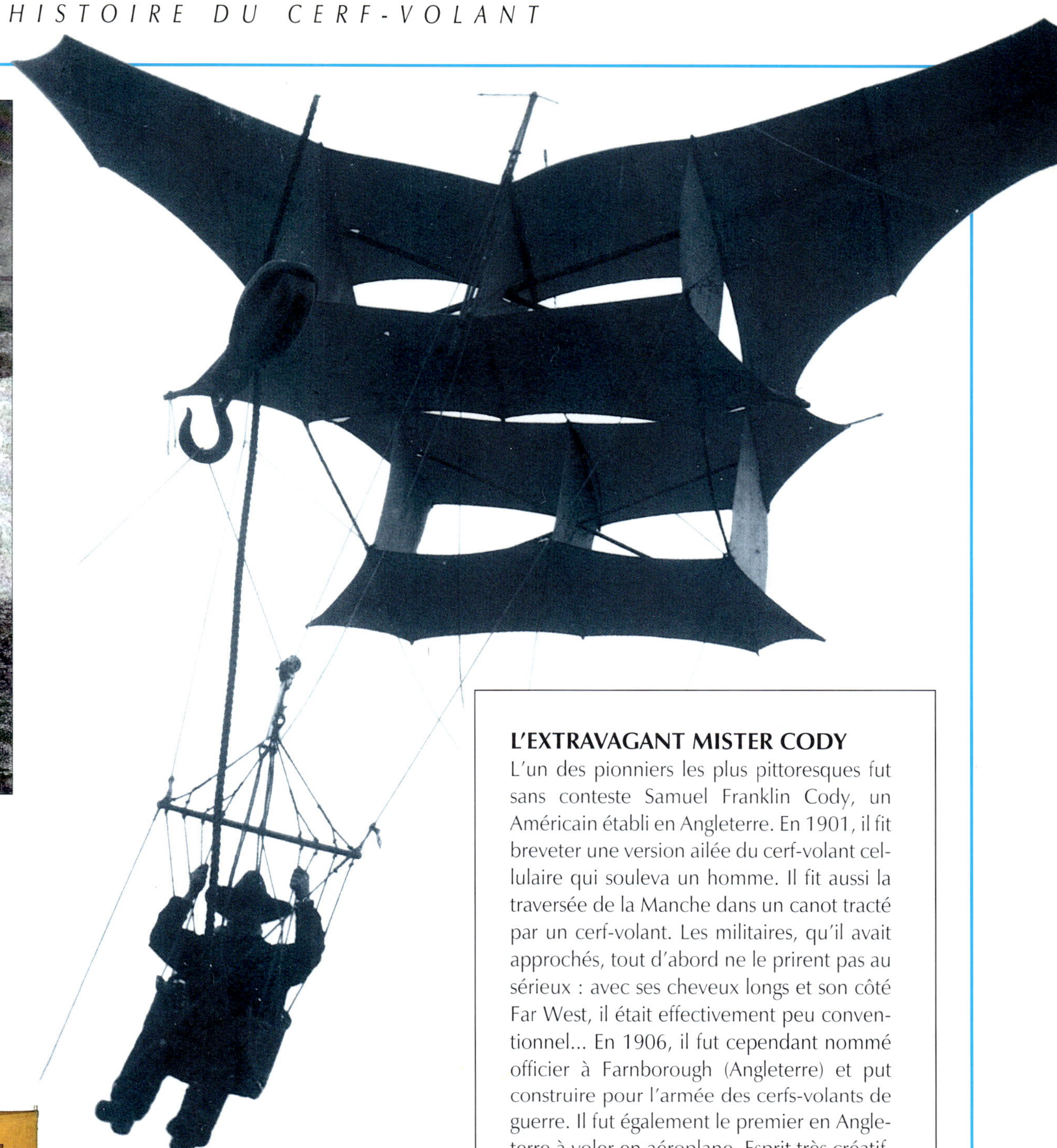

Le cerf-volant de sauvetage

A la fin du XIXe siècle, le Français Jobert invente un système destiné au sauvetage en mer ; il exploite la force des vents, à l'origine de nombreuses catastrophes navales. Le cerf-volant est attaché à une ligne qui permet de remorquer les naufragés.

L'EXTRAVAGANT MISTER CODY

L'un des pionniers les plus pittoresques fut sans conteste Samuel Franklin Cody, un Américain établi en Angleterre. En 1901, il fit breveter une version ailée du cerf-volant cellulaire qui souleva un homme. Il fit aussi la traversée de la Manche dans un canot tracté par un cerf-volant. Les militaires, qu'il avait approchés, tout d'abord ne le prirent pas au sérieux : avec ses cheveux longs et son côté Far West, il était effectivement peu conventionnel... En 1906, il fut cependant nommé officier à Farnborough (Angleterre) et put construire pour l'armée des cerfs-volants de guerre. Il fut également le premier en Angleterre à voler en aéroplane. Esprit très créatif, c'est avec une autre de ses inventions qu'il trouva la mort au cours d'un vol, en 1913.

Un modèle Gibson Girl monté

Le modèle Gibson Girl

Ce cerf-volant est peut-être le plus célèbre de la Seconde Guerre mondiale. Il fait alors partie d'un équipement de survie destiné aux aviateurs dont l'avion s'est abîmé en mer. La ligne du cerf-volant double une fine antenne raccordée à un émetteur qui permet d'envoyer un S.O.S.

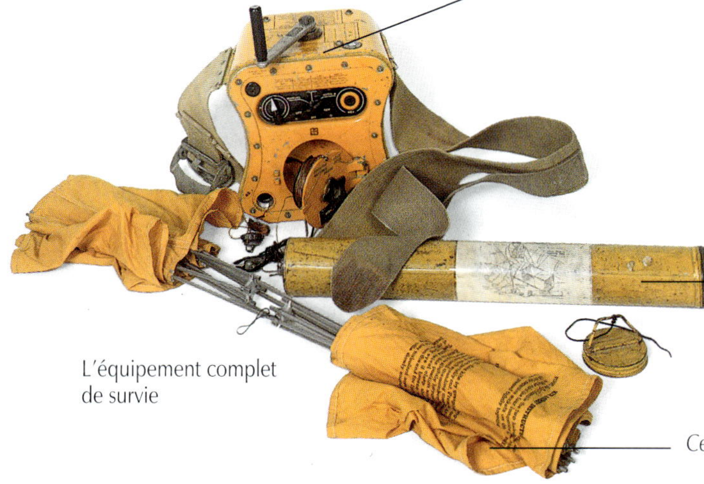

L'équipement complet de survie

CHOISISSEZ VOTRE CERF-VOLANT

Voici une sélection de cerfs-volants, classiques ou très contemporains, originaires de toutes les régions du monde et classés par type : voyez à quel point leur variété peut être étendue.

ANATOMIE D'UN CERF-VOLANT

Au-delà de leur diversité, les cerfs-volants présentent, au niveau de leur structure et de leur conception, un certain nombre de caractéristiques et de composants communs : nous vous les présentons sur ces deux pages en nous appuyant sur trois modèles différents : un cerf-volant souple, un cerf-volant acrobatique et un cerf-volant cellulaire.

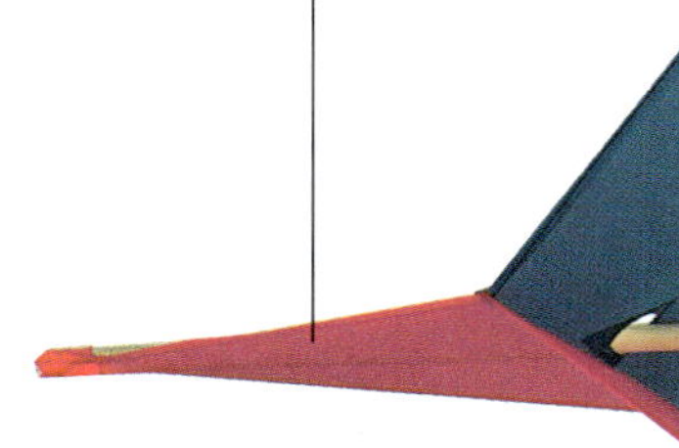

CERF-VOLANT SOUPLE

Ici, pas de structure rigidifiant l'ensemble : c'est le vent qui donne au cerf-volant sa forme.

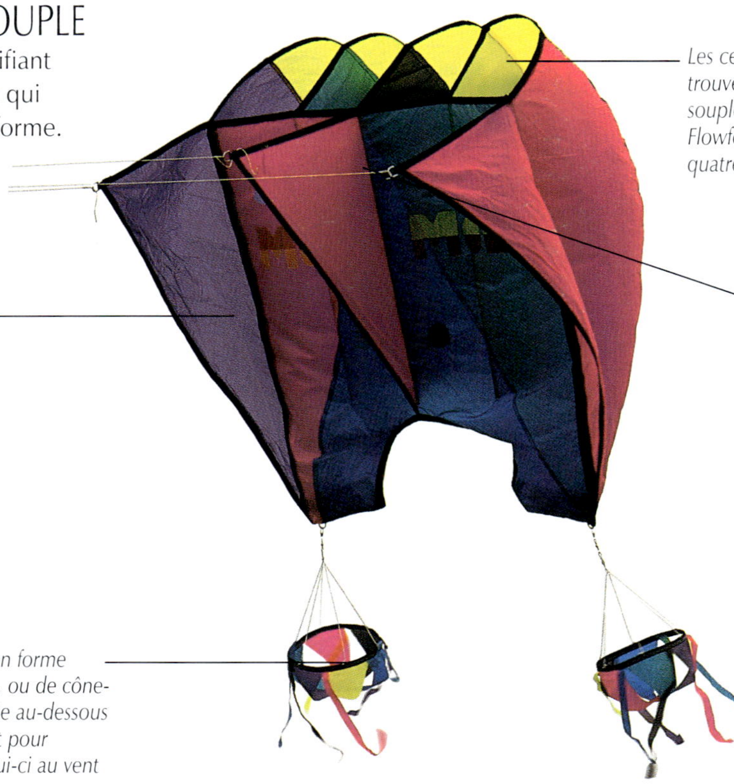

MODÈLE PILOTABLE

Les cerfs-volants acrobatiques sont plats, et ont en général la forme d'un triangle ou d'un losange. Ils se pilotent avec deux ou quatre lignes de pilotage.

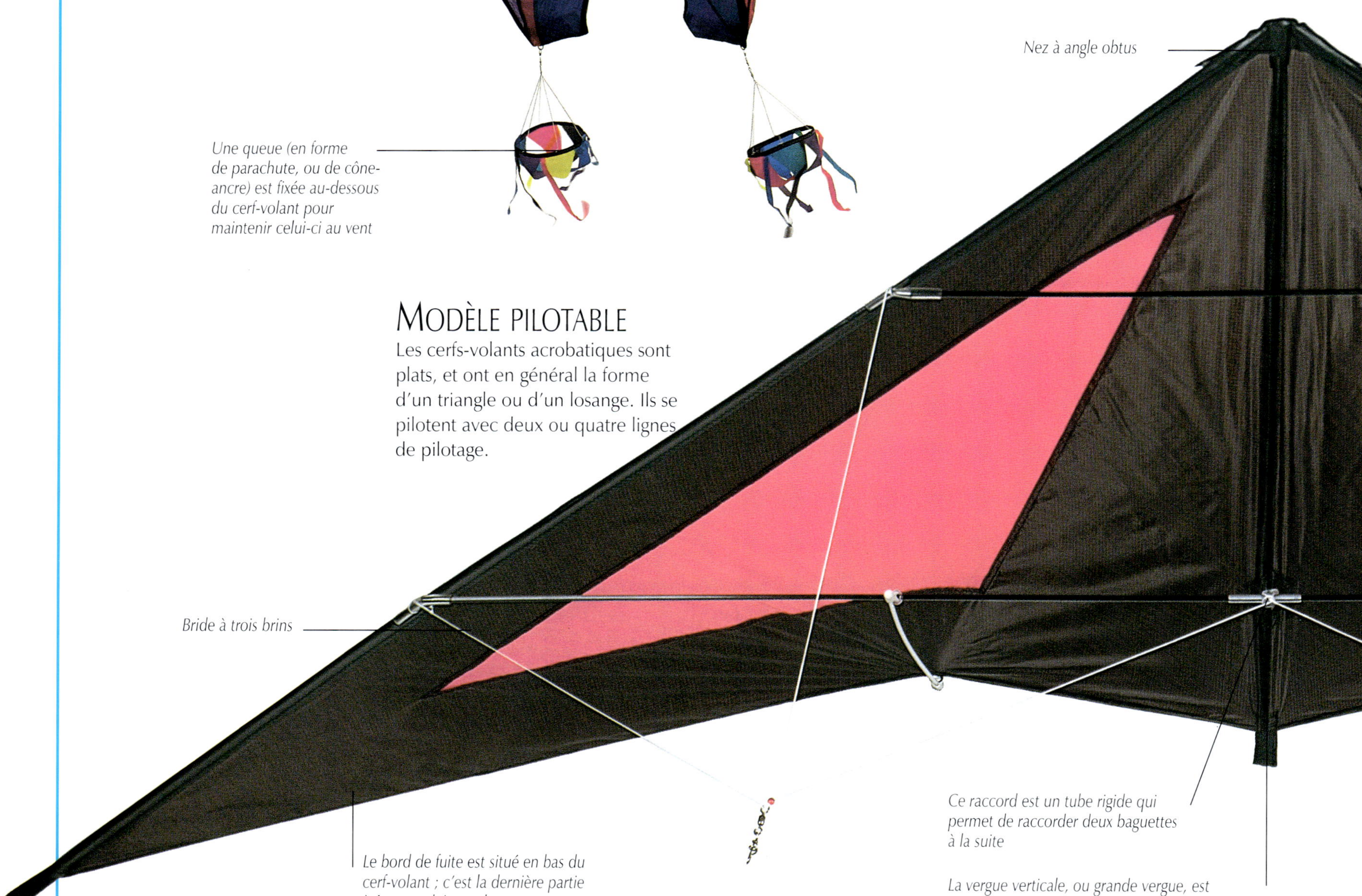

Cerf-volant cellulaire

Il s'agit d'un modèle en trois dimensions, comportant des baguettes assurant à la structure sa rigidité.

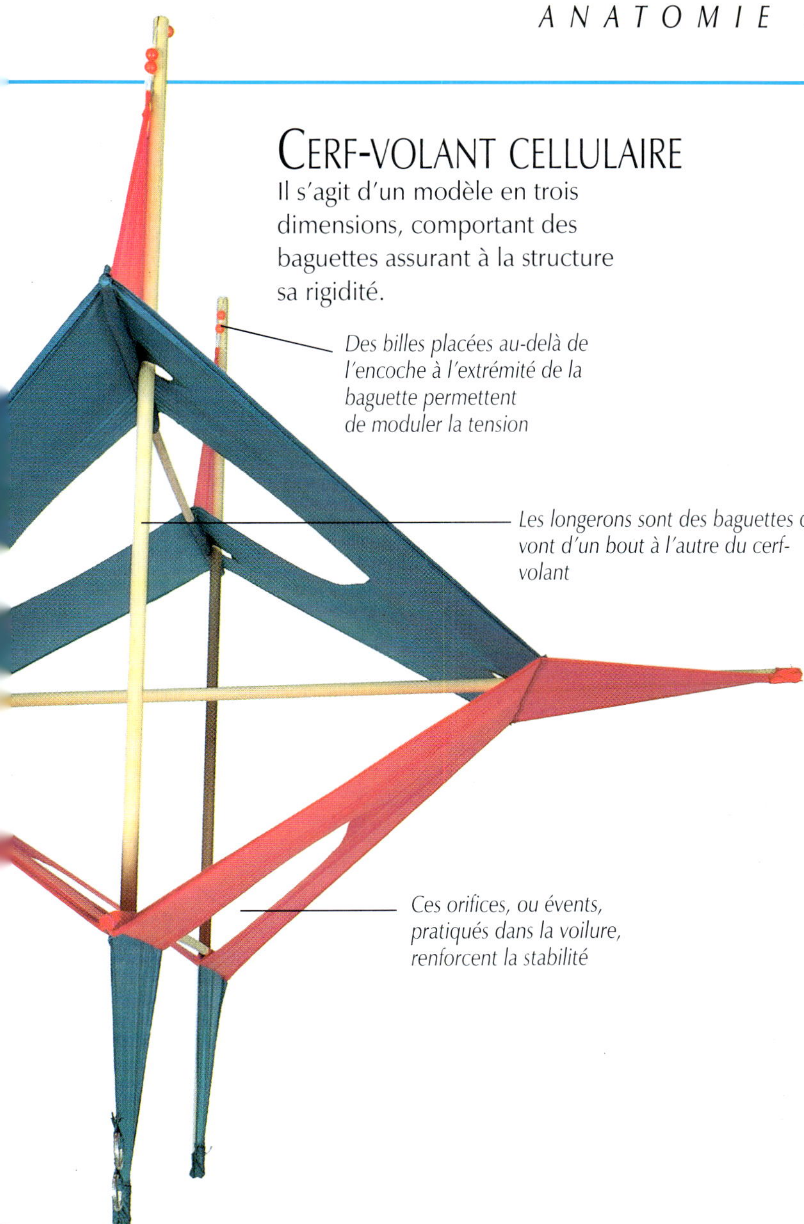

PETIT GLOSSAIRE DU CERF-VOLANT

Angle de vol Angle que fait le cerf-volant avec le cerf-voliste, et qui varie selon le type de cerf-volant.

Angle de nez Angle formé par la pointe d'un cerf-volant triangulaire. Un modèle ayant un angle élevé virera plus vite, mais sera moins stable.

Au vent Position relative : être au vent d'un cerf-volant, c'est être situé entre lui et le vent.

Dièdre Angle divisant la voilure en deux plans. On obtient un dièdre, soit en arquant la baguette transversale, soit avec une pièce spéciale appelée également dièdre.

Extrados Face postérieure du cerf-volant, qui ne reçoit pas le vent.

Haut de la fenêtre Point le plus haut auquel le cerf-volant peut monter.

Intrados Face antérieure, qui reçoit le vent et que l'on voit du sol lorsque le cerf-volant vole.

Point de rupture Force que la ligne peut absorber sans se rompre. En général, plus un cerf-volant est grand, plus la ligne doit offrir une résistance importante.

Portance Force ascensionnelle due à la pression du vent sur la voilure.

Ratio d'un cerf-volant Rapport entre l'envergure et la hauteur. Si le cerf-volant est plus large que haut, le ratio est élevé (c'est le cas du modèle pilotable ci-dessous) : il restera facilement en haut de la fenêtre, mais sera difficile à stabiliser. A l'inverse, un cerf-volant ayant un ratio faible sera stable, mais aura plus tendance à descendre.

Sous le vent Position relative : être sous le vent d'un cerf-volant, c'est être situé derrière ce cerf-volant par rapport au vent.

Stabilité Capacité du cerf-volant à tenir un parcours en ligne droite.

Traînée Résistance au vent.

Turbulence Courants d'air provoqués par des obstacles sur le chemin de passage du vent.

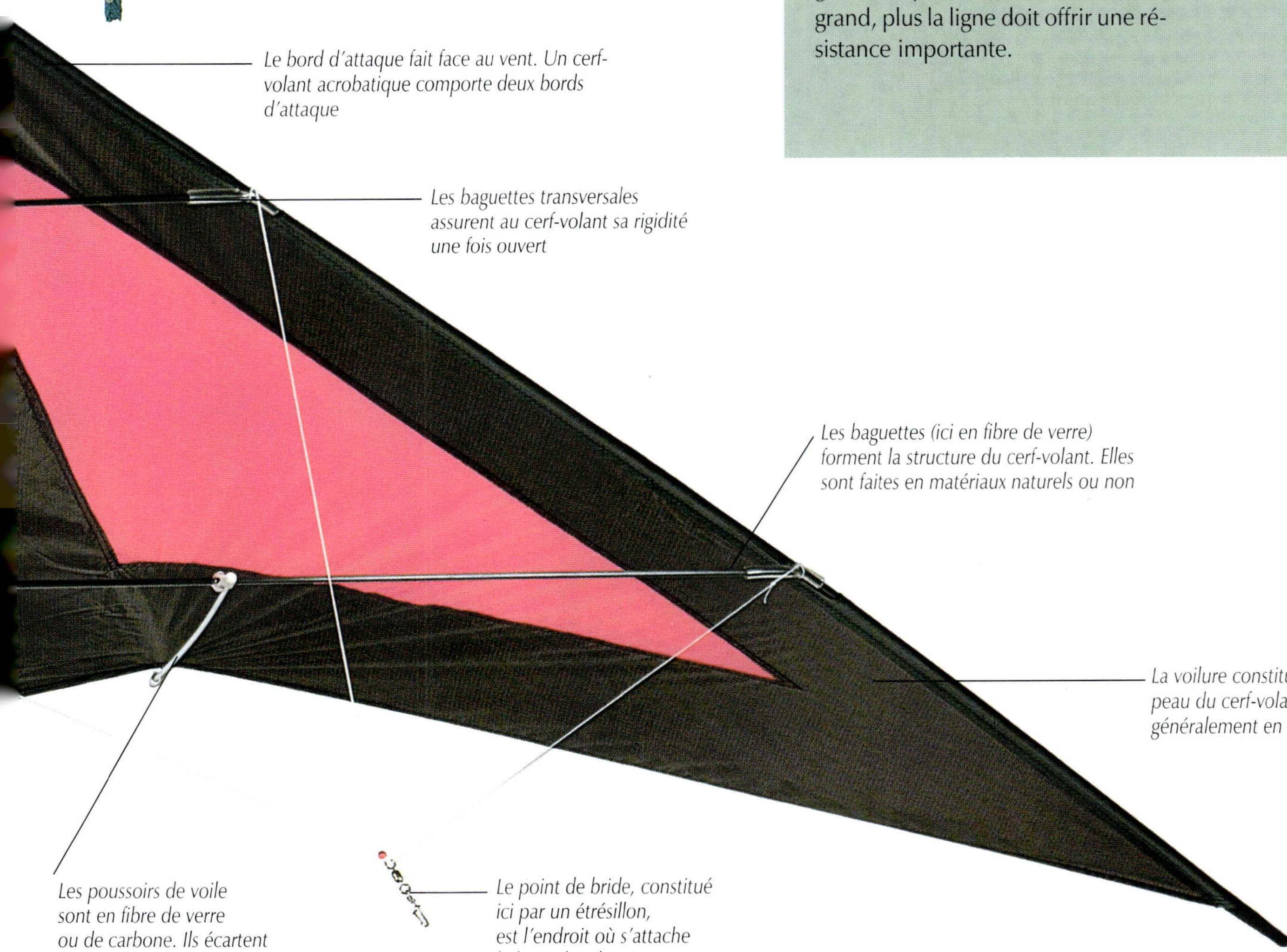

CERFS-VOLANTS TRADITIONNELS

On trouve des cerfs-volants traditionnels dans tous les festivals et toutes les fêtes du monde ; très décoratifs, ils représentent souvent des dragons, des serpents et autres créatures ou personnages de légende. C'est en Extrême-Orient qu'ils sont apparus. Certains d'entre eux, comme le Dragon venu de Chine, sont presque la réplique exacte du modèle d'origine ; d'autres en sont des variantes qui intègrent des matériaux modernes ou dont la voilure est plus décorée. On trouve en Europe des cerfs-volants traditionnels d'importation ; les moins chers, produits en grandes séries, valent surtout pour leur effet décoratif, car ils sont plus fragiles et moins précis que les pièces uniques ou les cerfs-volants fabriqués de façon artisanale.

Modèle Edo du Japon
Ce cerf-volant est l'exacte réplique en miniature d'un dessin japonais classique ; il comporte une voilure en papier imprimé et des baguettes de bambou refendu. En vol, il est arqué, mais du fait de sa taille, il n'est stable que si les vents sont très légers.

Dimensions
6 x 8,5 cm
Force du vent
Très léger
Niveau requis
Moyen
Ligne
1 à 2 kg

Papillon chinois
Ce magnifique mais fragile cerf-volant en papier a plutôt un rôle décoratif, avec ses ailes aux nuances subtiles de bleu et de vert. Chaque aile se compose de deux morceaux et s'emboîte dans le corps du papillon, qui est en trois dimensions. Ce cerf-volant peut également être en soie.

Envergure
1 m
Force du vent
Léger
Niveau requis
Débutant à Moyen
Ligne
12 kg

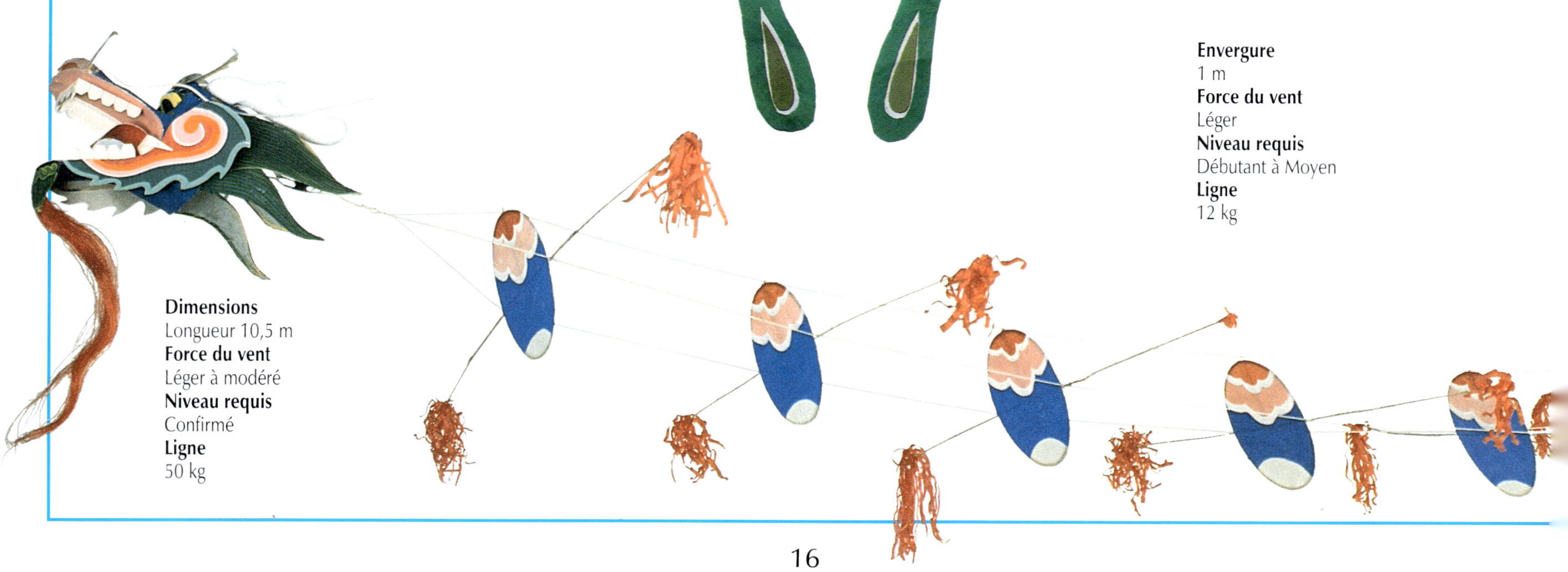

Dragon
Ce cerf-volant très spectaculaire se compose de plusieurs cerfs-volants circulaires, attachés à la queue leu leu derrière une tête de dragon en trois dimensions. Chaque cerf-volant du train ainsi formé fait l'objet d'un réglage précis. La voilure est en papier, mais peut aussi se faire en soie.

Dimensions
Longueur 10,5 m
Force du vent
Léger à modéré
Niveau requis
Confirmé
Ligne
50 kg

Envergure
71 cm
Force du vent
Léger à modéré
Niveau requis
Moyen à Confirmé
Ligne
18 kg

Pakpao de Thaïlande

Dans la tradition, ce cerf-volant femelle est opposé à un cerf-volant mâle beaucoup plus grand, le Chula, qui comporte une longue queue. Au cours du combat, le Pakpao doit attraper le Chula par la queue et le ramener au sol. Ce cerf-volant est en papier et bambou. Traditionnellement, le papier utilisé est tout blanc, alors qu'ici la voilure est imprimée.

Cerf-volant-parapluie (ci-contre à droite)

Ce cerf-volant d'Europe, inspiré de Pocock, est similaire à celui qui tractait les chariots au début du XIXe siècle. La vergue est en ramin, la baguette cintrée située en tête est en fibre de verre. Ce cerf-volant doit être équipé d'une queue.

Envergure
71 cm
Force du vent
Léger à modéré
Niveau requis
Débutant à Moyen
Ligne
12 kg

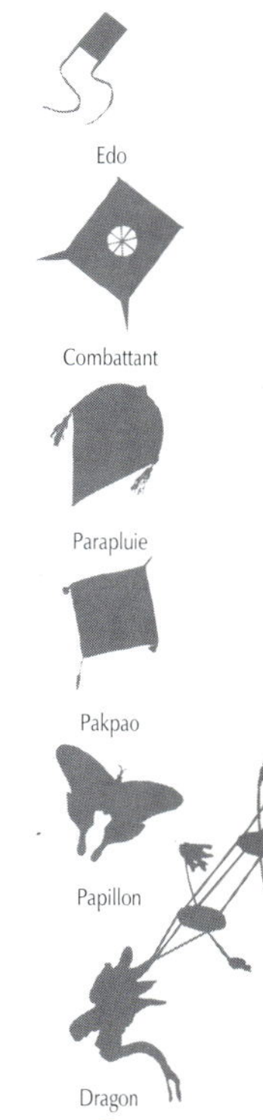

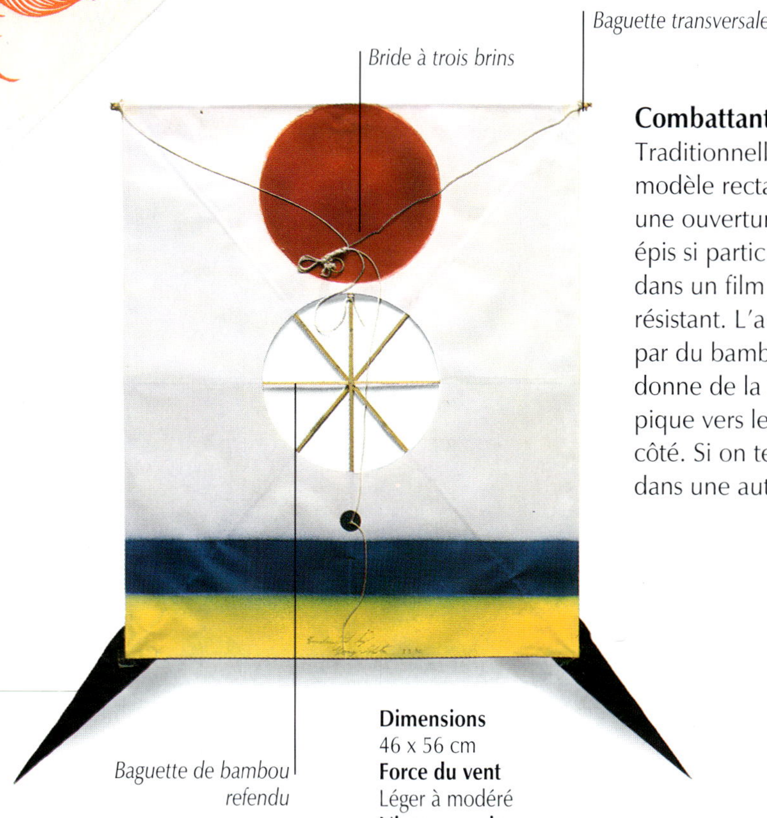

Combattant coréen

Traditionnellement en papier, ce modèle rectangulaire comporte une ouverture dans son milieu ; les épis si particuliers sont réalisés dans un film polyester très résistant. L'armature est constituée par du bambou refendu. Lorsqu'on donne de la ligne, le cerf-volant pique vers le sol puis vire d'un côté. Si on tend la ligne, il vole dans une autre direction.

Dimensions
46 x 56 cm
Force du vent
Léger à modéré
Niveau requis
Moyen
Ligne
18 kg

Cerfs-volants en patchwork

Ces grands cerfs-volants circulaires, constitués par un patchwork en papier, sont traditionnels chez les Indiens du Guatemala.

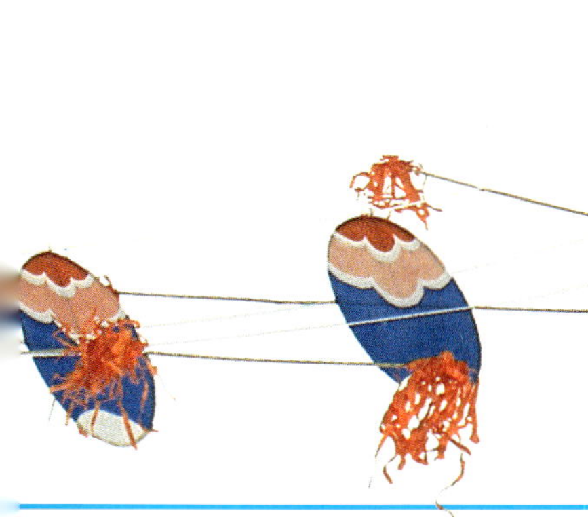
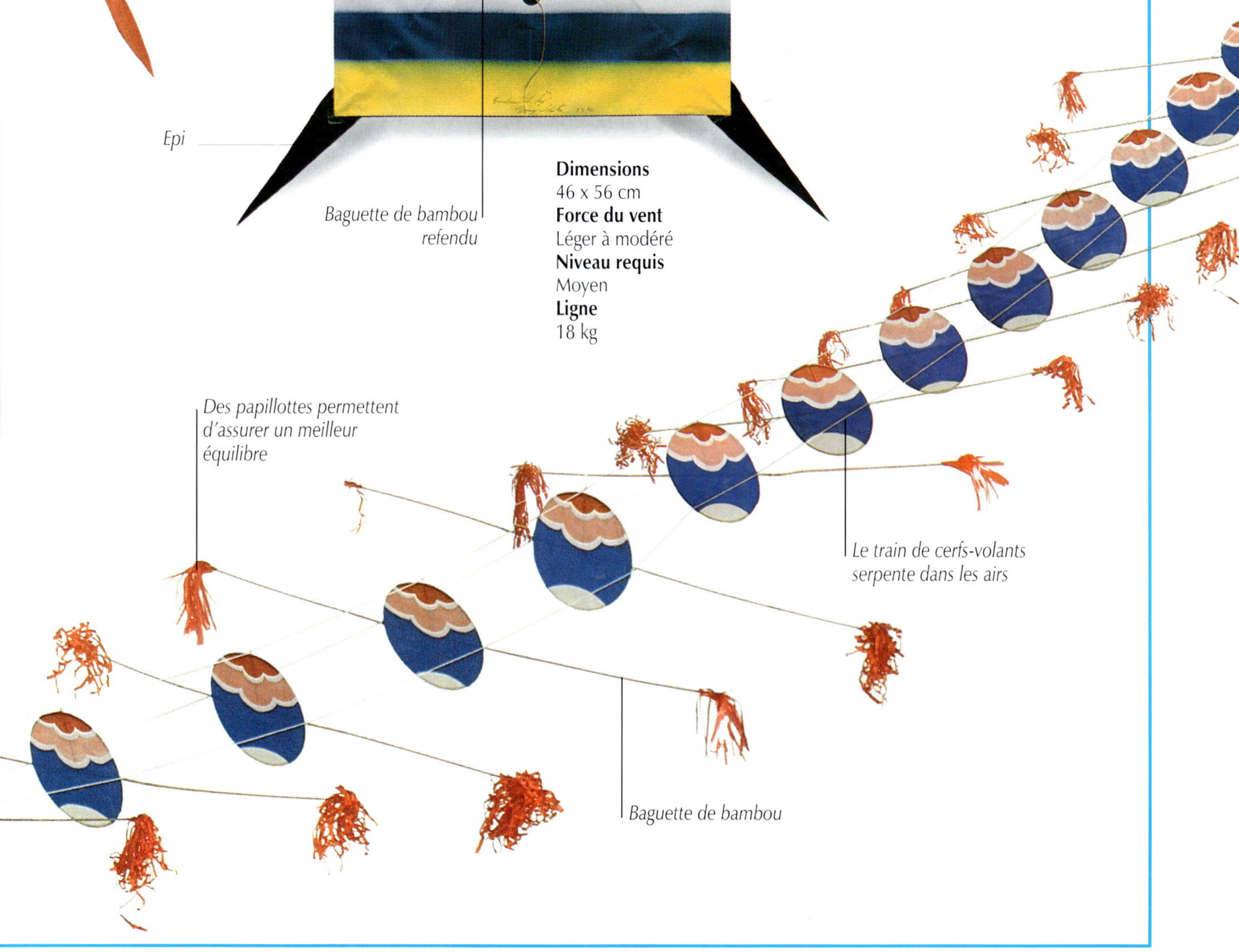

Modèles plats

Les modèles plats de cerfs-volants sont les plus anciens ; leur conception est simple, mais leur configuration autorise une grande créativité au niveau de la décoration de la voilure. La queue qui les agrémente fait beaucoup d'effet. De par leur conception, les cerfs-volants plats sont très instables au vent, et il faut renforcer leur stabilité. C'est ainsi que l'adjonction d'une queue augmente la résistance de l'ensemble à l'air, ce qui permet au cerf-volant de voler correctement et de pouvoir affronter des vents plus forts. On peut également augmenter la stabilité du cerf-volant en utilisant des baguettes disposées en diagonale qui s'arquent au vent, ce qui donne au cerf-volant une forme courbe.

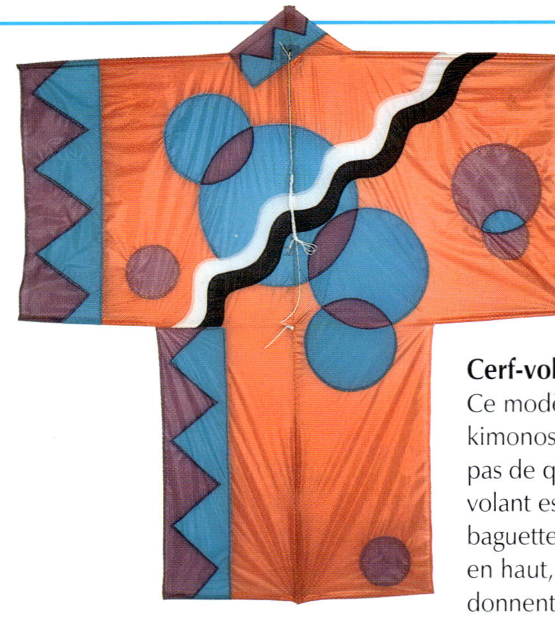

Dimension
1,20 m d'envergure
Force du vent
Modéré
Niveau requis
Moyen
Ligne
27 kg

Cerf-volant kimono
Ce modèle est bien sûr inspiré des kimonos japonais. Il ne comporte pas de queue ; la stabilité du cerf-volant est assurée par trois baguettes transversales disposées en haut, en bas et au centre, qui donnent au cerf-volant en vol une forme courbe. Une vergue verticale constitue le principal élément de l'armature.

Modèle della Porta
Il s'agit d'un modèle rectangulaire très simple, dont la stabilité est renforcée par deux baguettes disposées en croix et par une longue queue en boucle. Les deux extrémités sont fixées à la base du cerf-volant ; s'il se met à tourner d'un côté, la queue sera plus longue du côté opposé, ce qui remet le cerf-volant dans le vent.

Dimensions
45 x 70 cm
Force du vent
Léger à fort
Niveau requis
Moyen
Ligne
12 kg

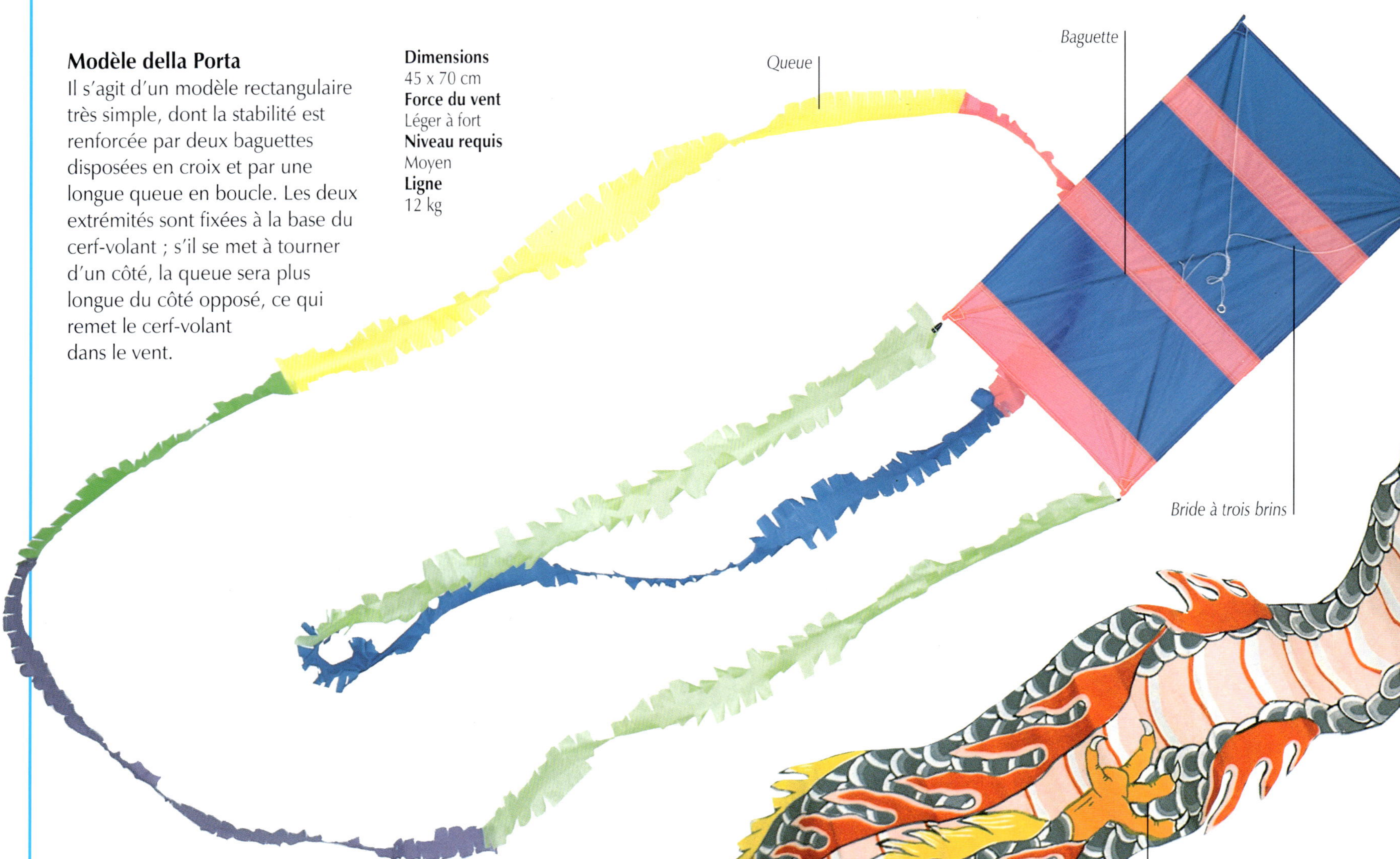

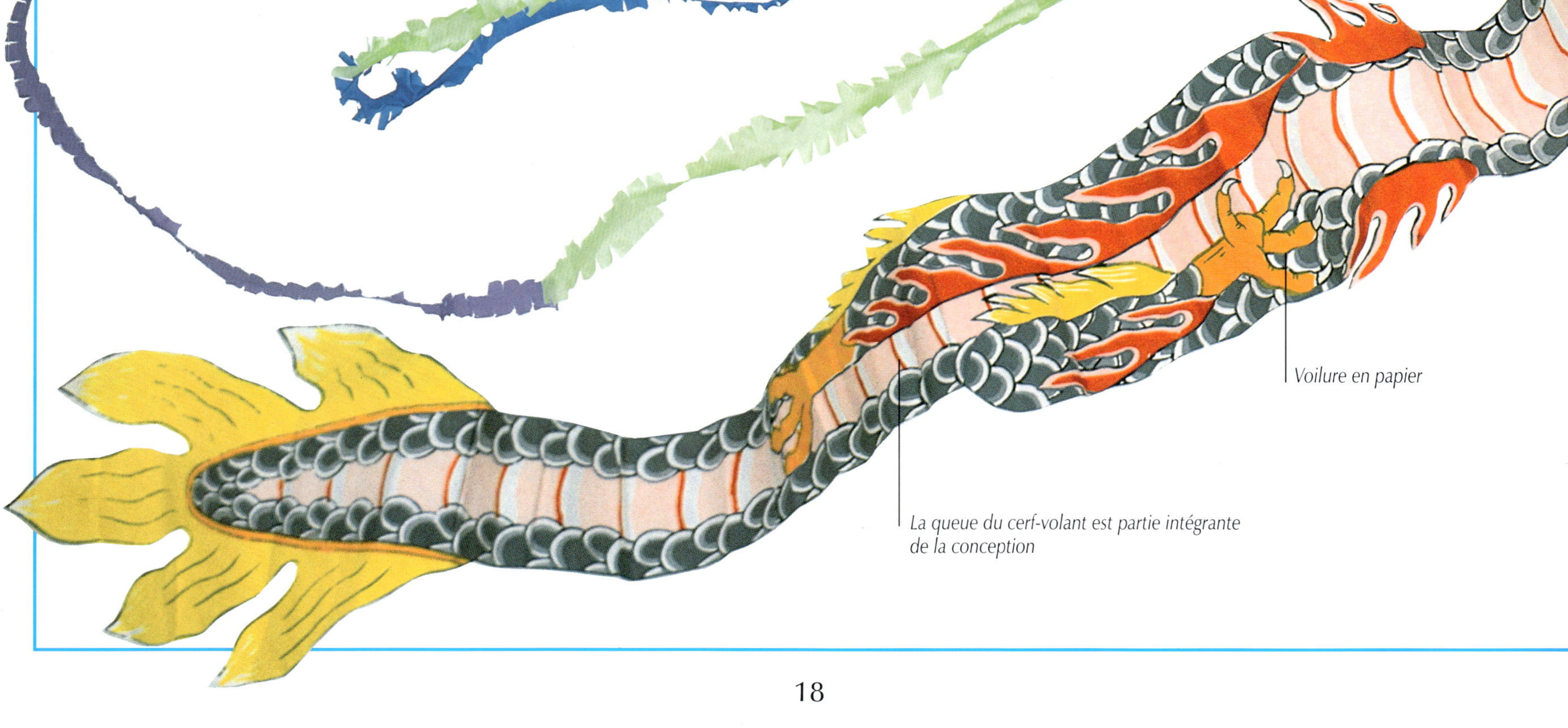

Serpent

Ce modèle s'inspire d'un cerf-volant originaire de Thaïlande. Sa conception lui donne de la stabilité sous des vents variés, grâce à la queue, au bridage et à une baguette de bambou cintrée qui donne du relief à la tête.

Dimension
Longueur : 3 m
Force du vent
Léger à modéré
Niveau requis
Débutant
Ligne
12 kg

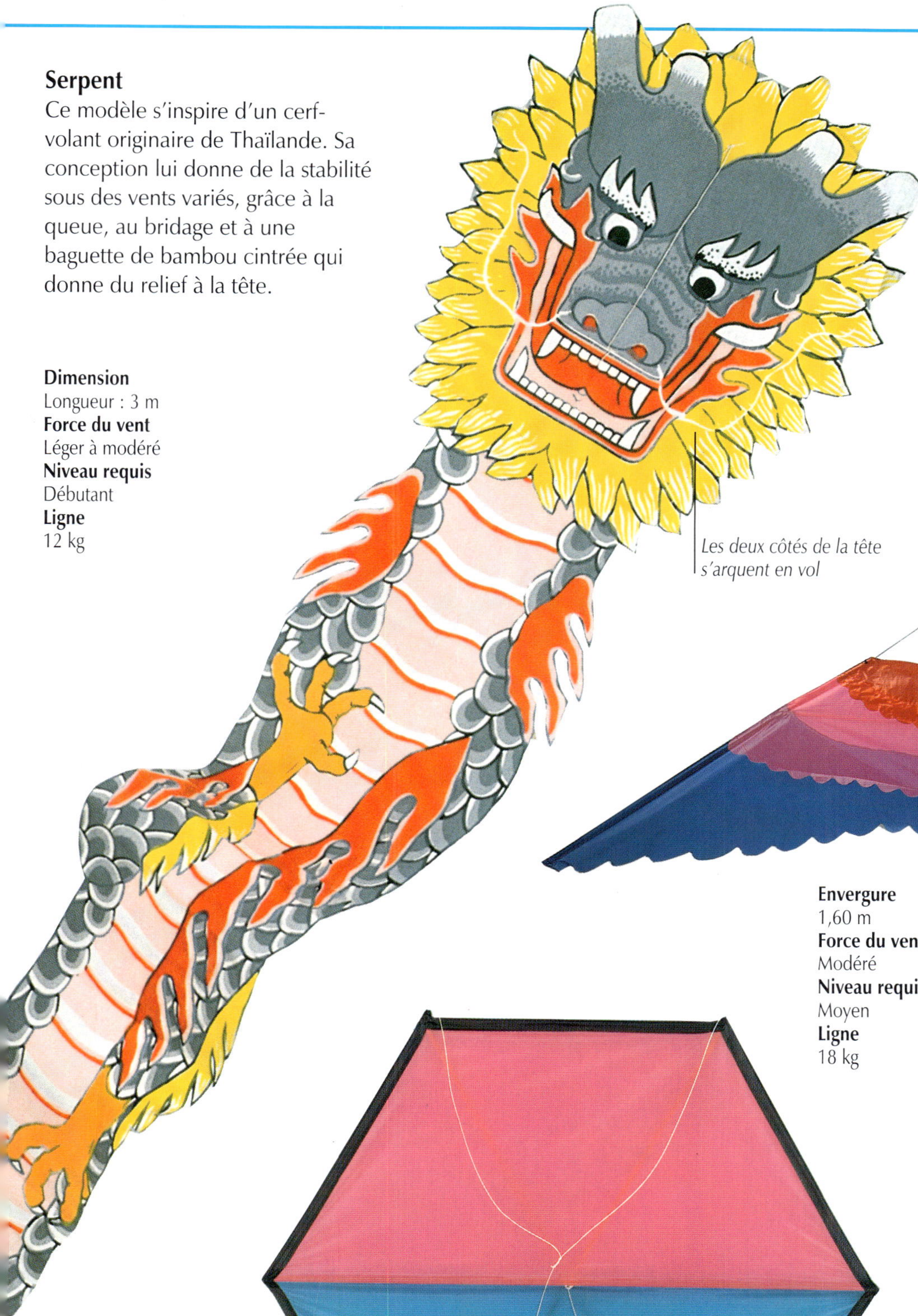

Les deux côtés de la tête s'arquent en vol

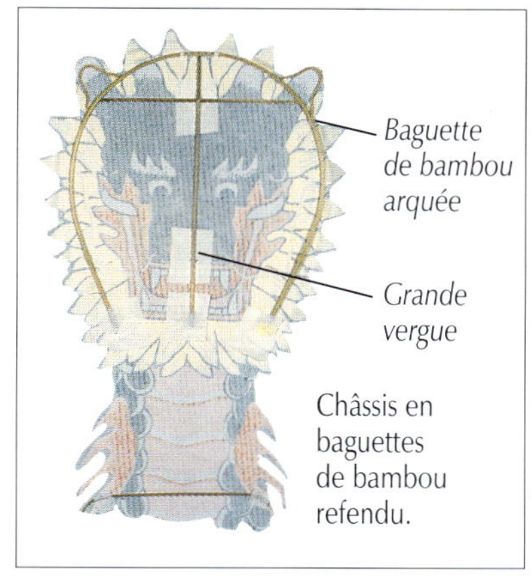

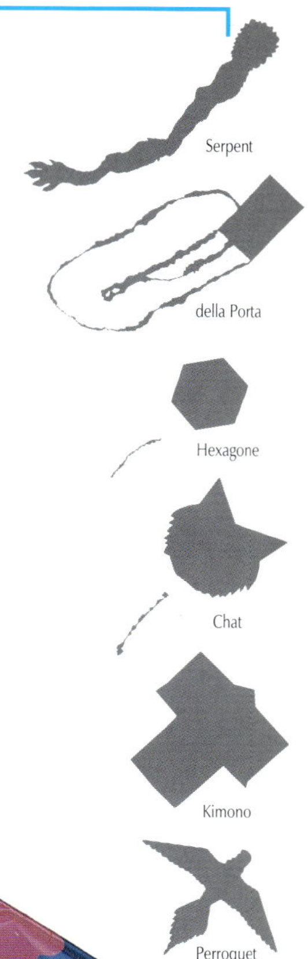

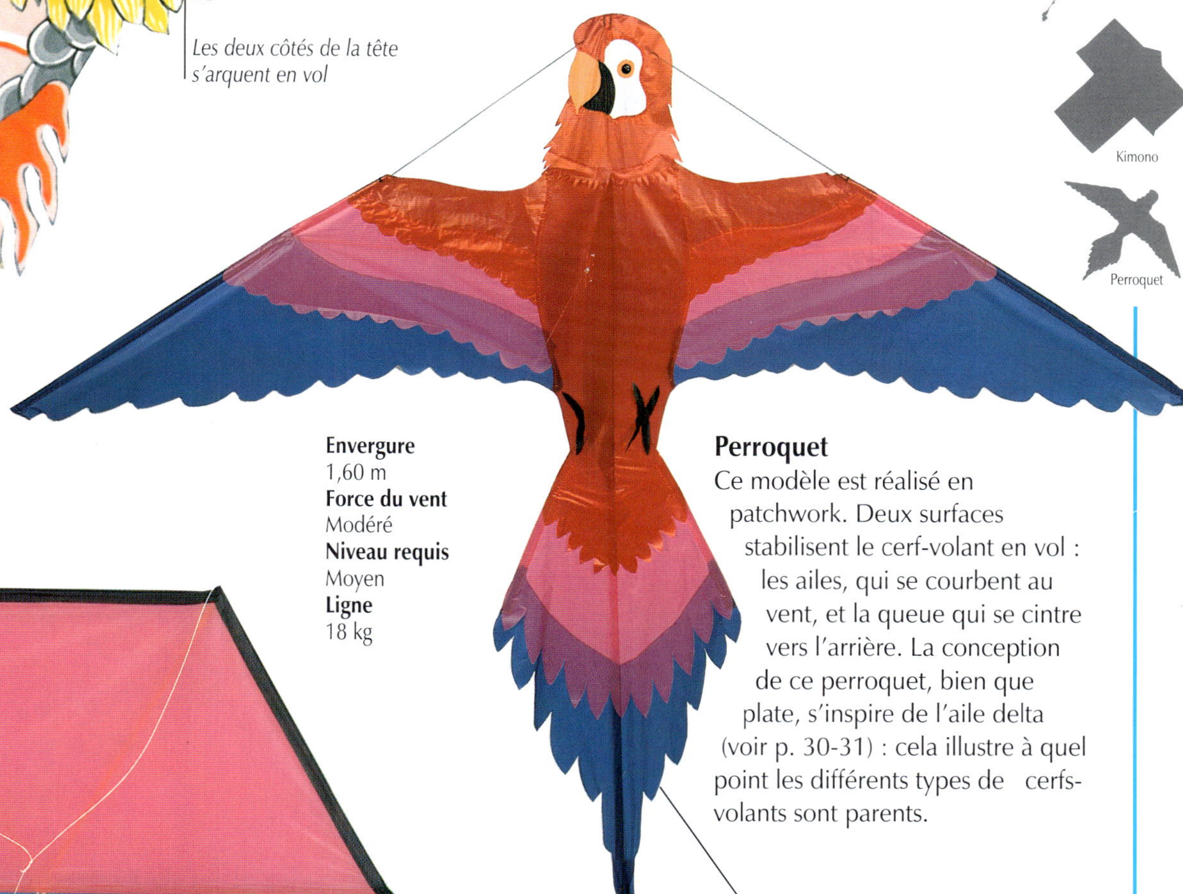

Envergure
1,60 m
Force du vent
Modéré
Niveau requis
Moyen
Ligne
18 kg

Perroquet

Ce modèle est réalisé en patchwork. Deux surfaces stabilisent le cerf-volant en vol : les ailes, qui se courbent au vent, et la queue qui se cintre vers l'arrière. La conception de ce perroquet, bien que plate, s'inspire de l'aile delta (voir p. 30-31) : cela illustre à quel point les différents types de cerfs-volants sont parents.

Les bords ont été découpés à chaud pour éviter un effilochage

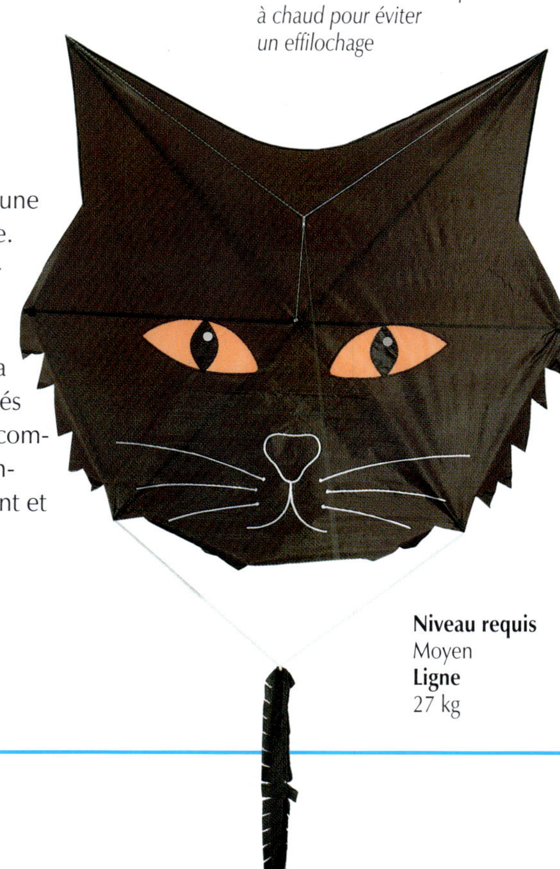

Hexagone

La conception de ce modèle est proche du della Porta, mais la surface de la voilure est plus importante et ce cerf-volant comporte une baguette de plus. L'hexagone reçoit une bride à trois brins, ainsi qu'une queue attachée par deux lignes courtes. Cette queue permet de remettre le cerf-volant face au vent, s'il pivote d'un côté.

Dimension
75 cm d'envergure
Force du vent
Modéré à fort
Niveau requis
Débutant à Moyen
Ligne
25 kg

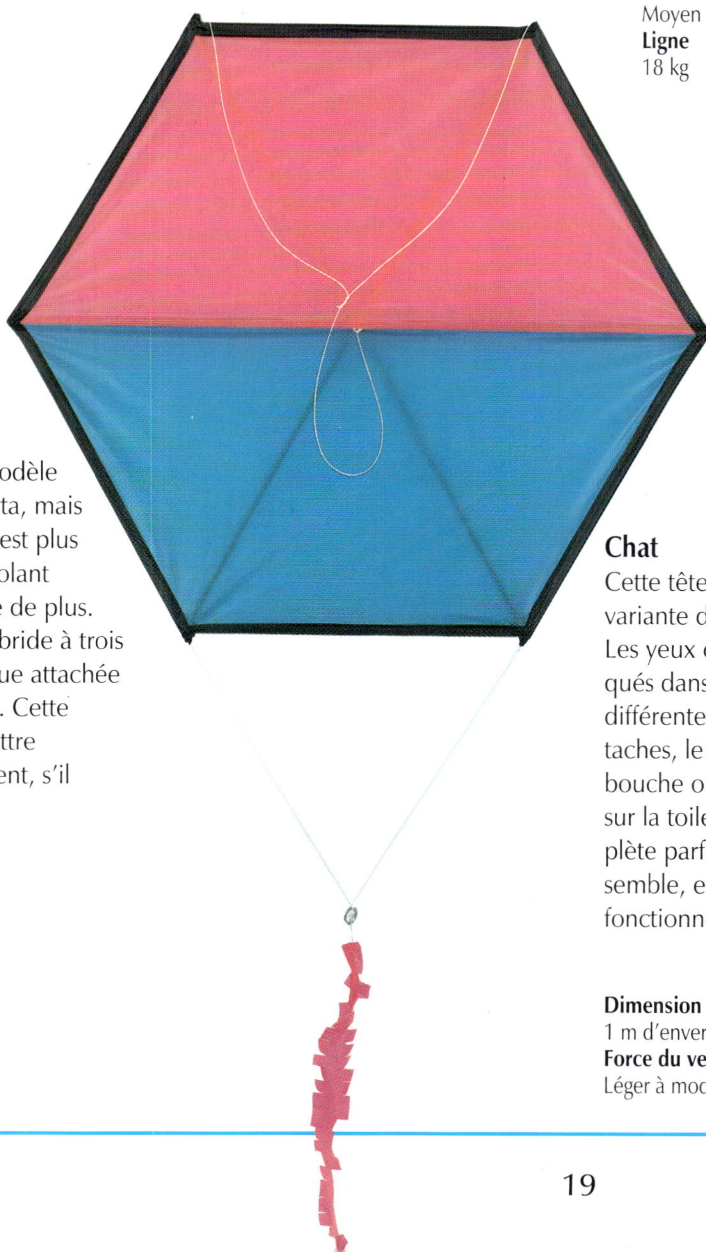

Chat

Cette tête de chat est une variante de l'hexagone. Les yeux ont été fabriqués dans une toile différente ; les moustaches, le museau et la bouche ont été dessinés sur la toile. La queue complète parfaitement l'ensemble, esthétiquement et fonctionnellement.

Dimension
1 m d'envergure
Force du vent
Léger à modéré
Niveau requis
Moyen
Ligne
27 kg

MODÈLES ARQUÉS ET DIÈDRES

De par sa conception, ce type de cerfs-volants est stable et ne demande pas obligatoirement l'adjonction d'une queue. La forme incurvée est obtenue, soit par des baguettes arquées, soit par un dièdre dans lequel on emboîte les baguettes. Ainsi, la voilure se présente en deux plans différents : si le cerf-volant tourne d'un côté, il offre aux vents une surface de voilure plus importante de ce côté-là, et le vent remet le cerf-volant dans la bonne position.

Losange
Ce modèle, appelé également Malay ou Eddy, a la forme la plus classique et la plus répandue. Sa stabilité est assurée par des baguette arquées ou un dièdre ; on peut également garder ce losange plat, en lui adjoignant une queue.

Envergure
80 cm
Force du vent
Léger à modéré
Niveau requis
Débutant
Ligne
12 kg

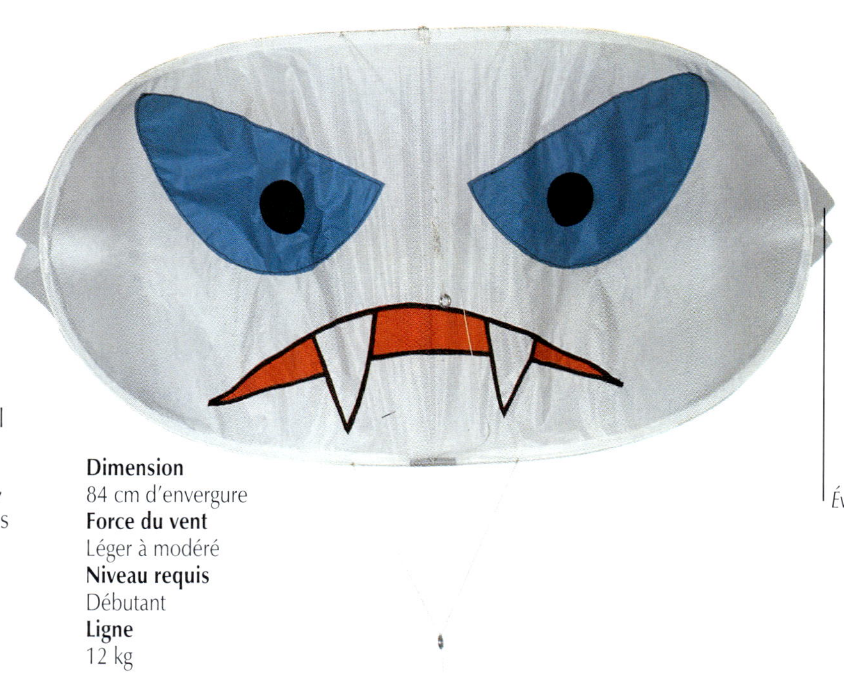

Yakko
Inspiré d'un modèle traditionnel japonais, ce cerf-volant est très courant aujourd'hui. En général, on le stabilise avec des baguettes arquées ou un dièdre, mais on peut aussi le laisser plat et lui ajouter une queue.

Dimension
84 cm d'envergure
Force du vent
Léger à modéré
Niveau requis
Débutant
Ligne
12 kg

Rokkaku *(ci-dessus)*
De conception traditionnelle, le Rokkaku est originaire du Japon. Il est très stable, grâce à deux baguettes transversales arquées. Il est de plus en plus prisé dans le monde entier pour les combats.

Dimensions
1,60 x 2 m
Force du vent
Modéré
Niveau requis
Débutant à Moyen
Ligne
90 kg

Train de cerfs-volants
En looping, les queues de ces cerfs-volants à deux lignes reprennent la figure qui vient d'être exécutée.

Chauve-souris
Cette chauve-souris a les ailes festonnées par en-dessous. Sa conception est similaire à celle du perroquet (voir p.19), mais ici la stabilité est assurée par un dièdre et par une dérive située sous le cerf-volant. Cette chauve-souris vole en haut de la fenêtre comme une aile delta (voir p.30-31).

Envergure
1,50 m
Force du vent
Léger
Niveau requis
Moyen
Ligne
9 kg

Des motifs peuvent être ajoutés pour la décoration

Aigle
Ce cerf-volant comporte des ailes en trois dimensions, et la façon dont il voltige fait qu'on peut le confondre avec un vrai oiseau. Les ailes cousues donnent une double épaisseur et se gonflent grâce à une dérive située sur le ventre de l'oiseau.

Les ailes doivent leur forme à un dièdre

La queue est maintenue ouverte grâce à un fin jonc de fibre de verre

Envergure
2,5 m
Force du vent
Léger à modéré
Niveau requis
Moyen
Ligne
18 kg

Roller
Ressemblant au Rokkaku, le Roller est un cerf-volant à deux voiles qui convient parfaitement aux vents légers. Pour assurer la stabilité, les deux baguettes transversales sont emboîtées dans des dièdres, les deux ailes sont séparées par un espace, et chaque voile comporte une petite dérive.

Dimensions
1 x 1,20 m
Force du vent
Léger à modéré
Niveau requis
Moyen
Ligne
27 kg

COMBATTANTS

Le combat de cerfs-volants, qui consiste à couper la ligne de retenue de l'adversaire, se pratique depuis des siècles. En Inde, la foule se tient sur les toits pour lancer et diriger les cerfs-volants, et il arrive que des gens tombent et se tuent tant ils sont absorbés par ce qu'ils font. Faire voler un combattant demande beaucoup d'adresse, mais donne beaucoup de plaisir, même si vous débutez. De forme plate, il est très maniable. Quand le vent agit sur la voilure, la baguette s'arque, ce qui stabilise le cerf-volant. Pour changer de direction, il faut donner de la ligne de sorte que l'avant du cerf-volant devienne plat et se mette à tournoyer, puis retendre la ligne.

Grandmaster
Ce combattant dérive du cerf-volant traditionnel de combat qu'on trouve en Inde. Il a une armature très solide et comporte une voile en mylar peinte, une baguette arquée en fibre de verre et une grande vergue en bambou. On en trouve deux versions (débutants et expérimentés).

Envergure
70 cm
Force du vent
Léger à modéré
Niveau requis
Débutant à Moyen
Ligne
7 kg

Papillon
Il est légèrement plus petit mais plus rapide que le Grandmaster. Comme lui, il dérive du combattant indien. La voilure est faite dans un film polyester blanc qu'on a peint au pochoir. La grande vergue est en bambou, la baguette en fibre de verre.

Envergure
63 cm
Force du vent
Léger à modéré
Niveau requis
Débutant à Confirmé
Ligne
7 kg

Les motifs en papier de soie sont rapportés sur la voilure, que l'on découpe ensuite

Baguette fusiforme en bambou

Butterfighter

C'est l'un des modèles les plus grands, mais aussi l'un des plus lents. Très solide, il est fort amusant à faire voler. Ce papillon stylisé a été décoré avec de la toile de spi rapportée. L'armature comprend trois baguettes de fibre de verre repliables, ce qui rend ce cerf-volant facile à transporter.

Envergure
97 cm
Force du vent
Léger à modéré
Niveau requis
Débutant à Moyen
Ligne
25 kg

Baguettede fibre de verre

Intrados du Butterfighter

Grande vergue en ramin

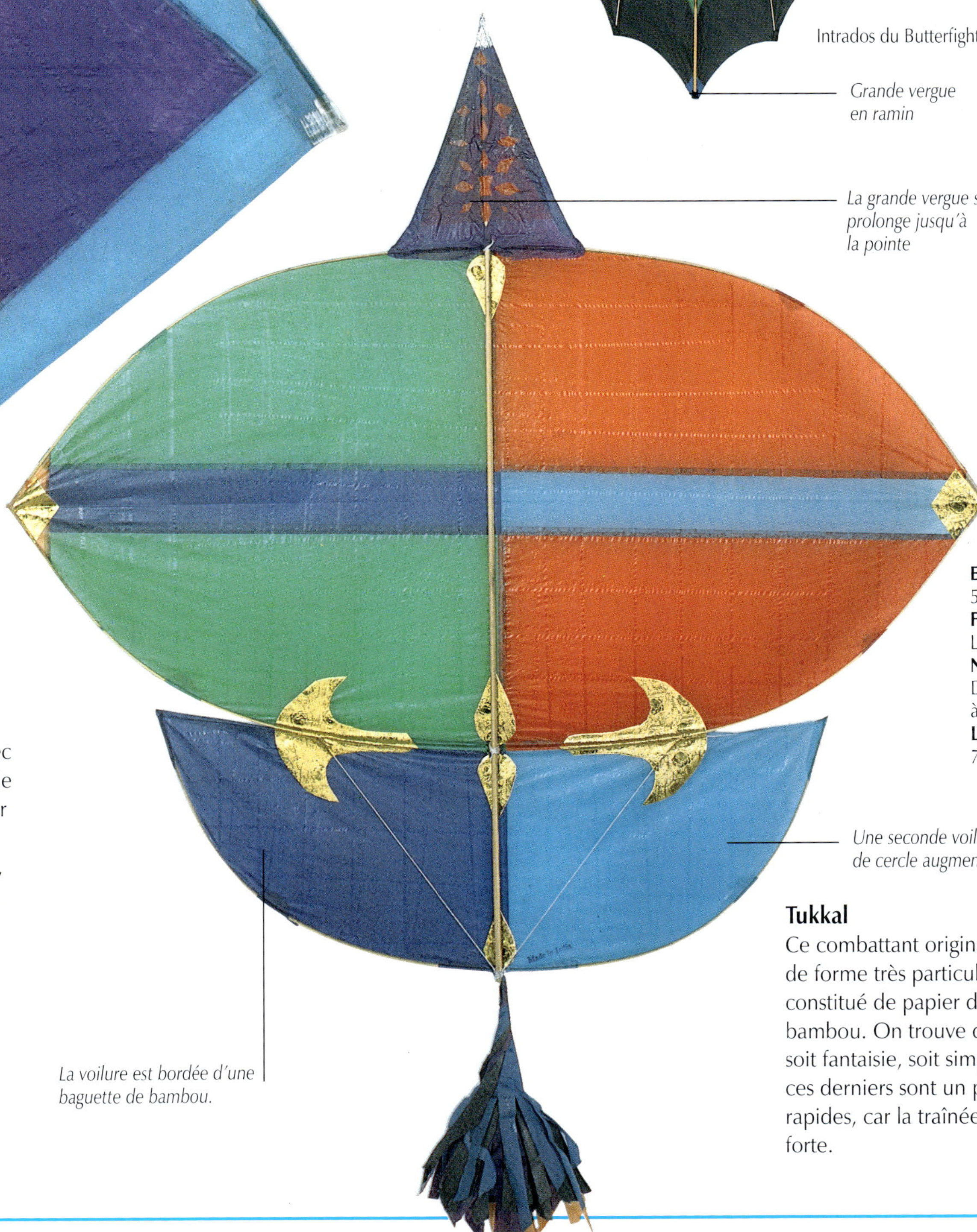

La grande vergue se prolonge jusqu'à la pointe

Envergure
56 cm
Force du vent
Léger à modéré
Niveau requis
Débutant à Confirmé
Ligne
7 kg

Une seconde voilure en arc de cercle augmente la stabilité

La voilure est bordée d'une baguette de bambou.

Cerf-volant de combat indien

C'est le combattant le plus répandu ; il est uni ou décoré avec des pièces rapportées en papier de soie. C'est un cerf-volant très léger et très fragile ; il faut donc ne pas l'exposer à l'humidité ou au froid, et être très attentif à l'atterrissage.

Envergure
70 cm
Force du vent
Très léger à modéré
Niveau requis
Débutant à Confirmé
Ligne
7 kg

Tukkal

Ce combattant originaire d'Inde, de forme très particulière, est constitué de papier de soie et de bambou. On trouve des modèles, soit fantaisie, soit simples ; ces derniers sont un peu plus rapides, car la traînée est moins forte.

MODÈLES CELLULAIRES

Un cerf-volant à surfaces multiples est très stable et tient des vents beaucoup plus forts que les autres. Son principe remonte à la fin du XIXᵉ siècle et a constitué un très grand progrès dans la conception des cerfs-volants. Les modèles cellulaires ont été utilisés pour mettre au point des biplans, pour les prévisions météorologiques, la protection des navires en temps de guerre, et même pour transporter des personnes. Leur conception s'est beaucoup sophistiquée ces dernières années, mais on retrouve toujours une parenté avec le bon vieux cerf-volant à caissons.

Géométrie dans l'espace
Un Tri-D en vol, avec ses manches à air

Modèle cellulaire classique
Ce cerf-volant, qui sert de base aux autres modèles cellulaires, comporte deux caissons carrés placés l'un au-dessus de l'autre. Il est stable dans une plage de vents très large. Les caissons sont maintenus par une bride à deux brins.

Dimensions
38 cm x 100 cm
Force du vent
Assez léger à fort
Niveau requis
Débutant
Ligne
12 kg

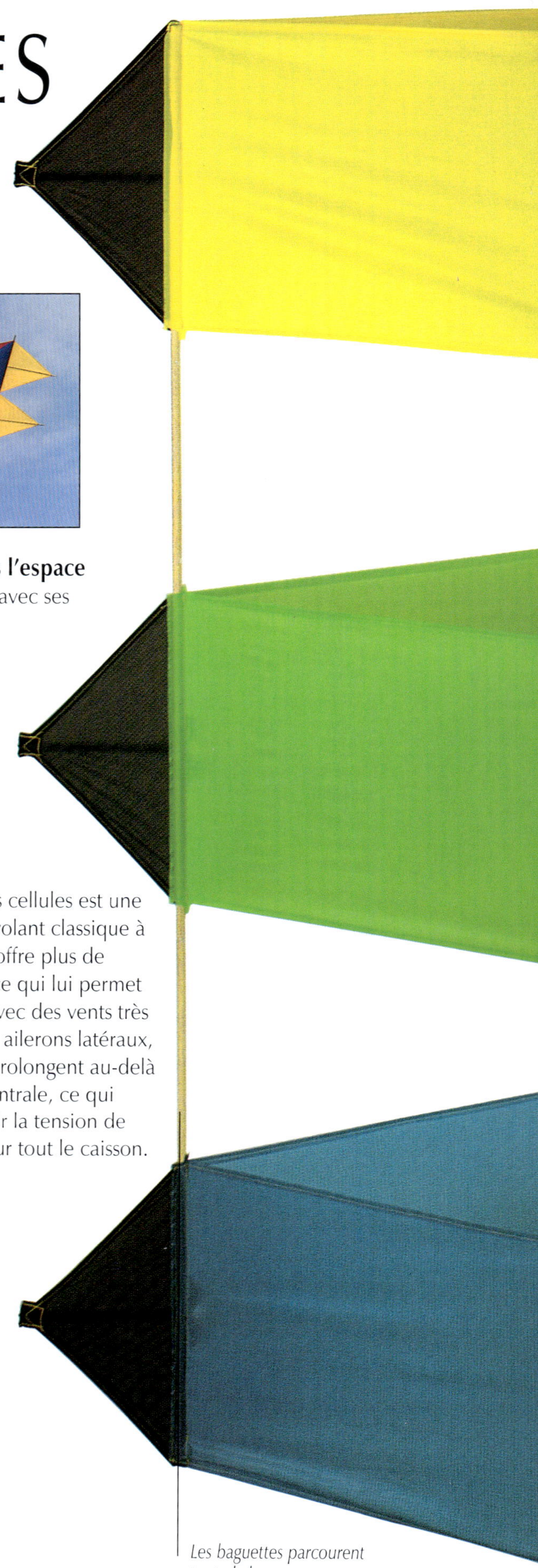

Rhomboïde
Ce modèle à trois cellules est une variante du cerf-volant classique à deux caissons. Il offre plus de surface au vent, ce qui lui permet de voler même avec des vents très légers. Grâce aux ailerons latéraux, les baguettes se prolongent au-delà de la structure centrale, ce qui permet de répartir la tension de façon uniforme sur tout le caisson.

Dimensions
1,10 x 1,40 m
Force du vent
Léger à fort
Niveau requis
Moyen
Ligne
25 kg

Les baguettes parcourent toute la longueur

Modèle Cody
C'est un modèle bien stable, conçu par S.F Cody au début du XXᵉ siècle pour des missions militaires de reconnaissance. Destiné à transporter un homme, il est encore très répandu de nos jours.

Envergure
1,20 m
Force du vent
Modéré
Niveau requis
Moyen
Ligne
27 kg

Les ailerons placés sur chaque caisson améliorent le vol

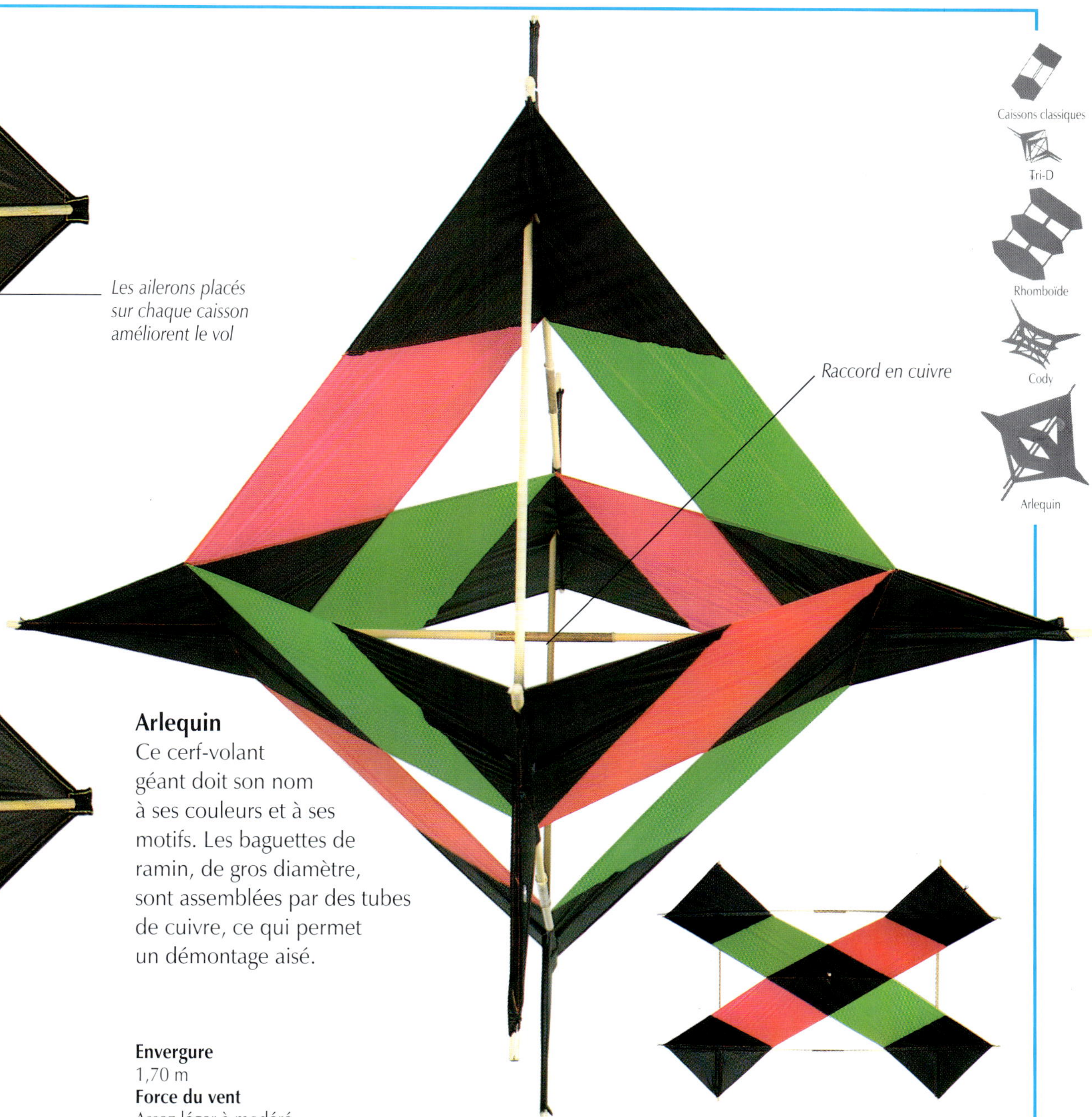

Raccord en cuivre

Arlequin

Ce cerf-volant géant doit son nom à ses couleurs et à ses motifs. Les baguettes de ramin, de gros diamètre, sont assemblées par des tubes de cuivre, ce qui permet un démontage aisé.

Envergure
1,70 m
Force du vent
Assez léger à modéré
Niveau requis
Moyen
Ligne
50 kg

Les cellules de l'Arlequin sont disposées en V inversés

Tri-D

Bien qu'ayant un aspect très différent, le Tri-D est en fait une variante du cerf-volant cellulaire à deux caissons, avec deux ailerons en plus par caisson. La grande différence est le point de bridage, unique sur le caisson avant.

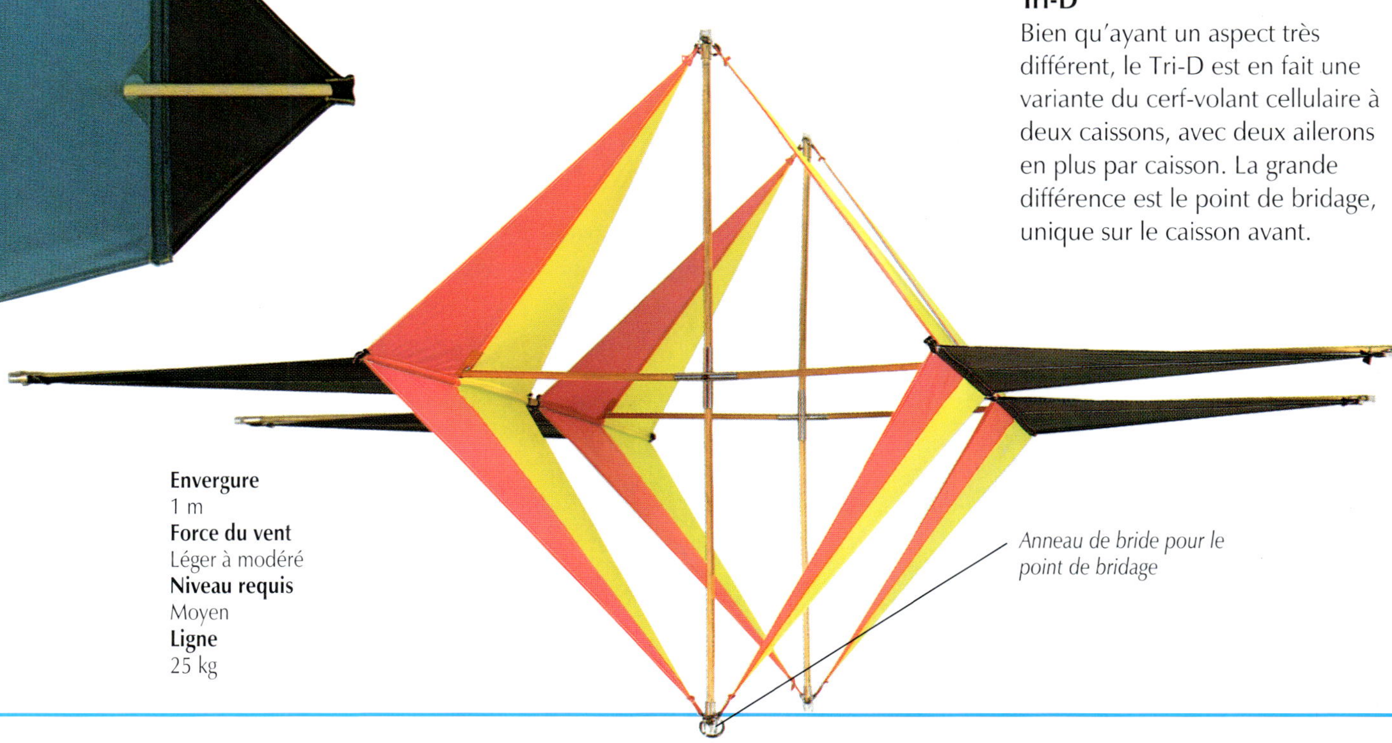

Envergure
1 m
Force du vent
Léger à modéré
Niveau requis
Moyen
Ligne
25 kg

Anneau de bride pour le point de bridage

MODÈLES CELLULAIRES

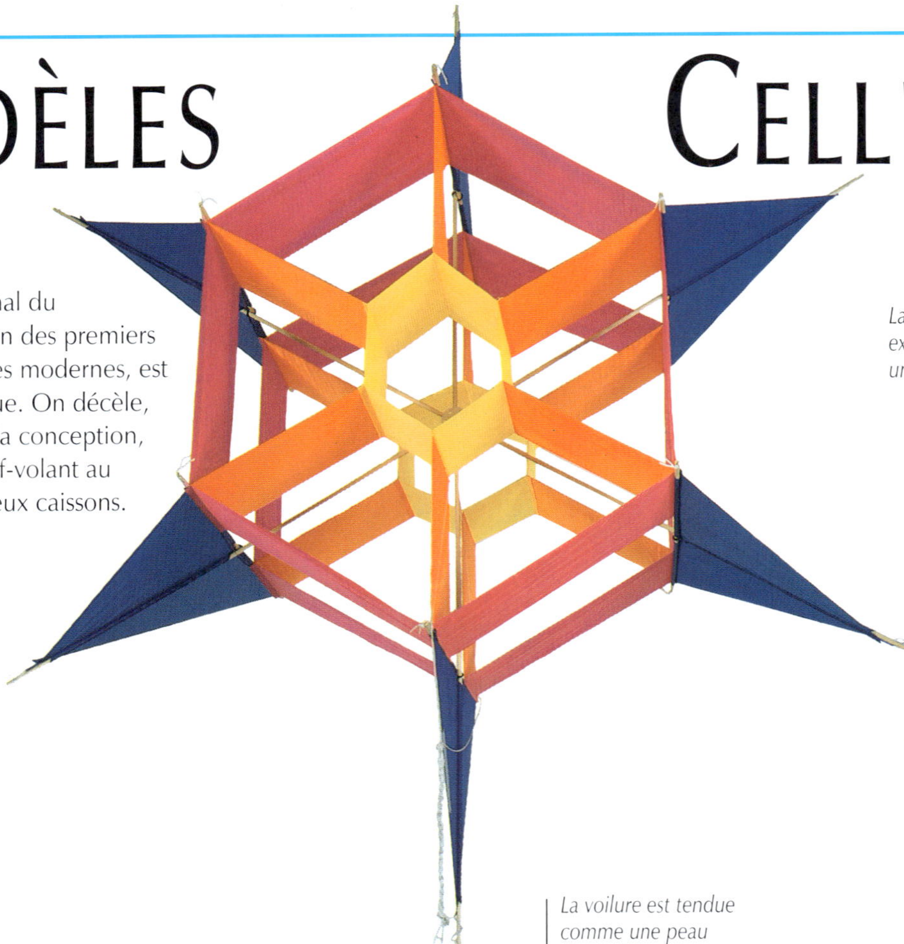

Modèle Pr Waldorf
Ce cerf-volant hexagonal du Professeur Waldorf, l'un des premiers modèles multicellulaires modernes, est aujourd'hui un classique. On décèle, sous la complexité de la conception, tout ce que doit ce cerf-volant au bon vieux modèle à deux caissons.

Dimension
1,20 m
Force du vent
Modéré
Niveau requis
Moyen
Ligne
36 kg

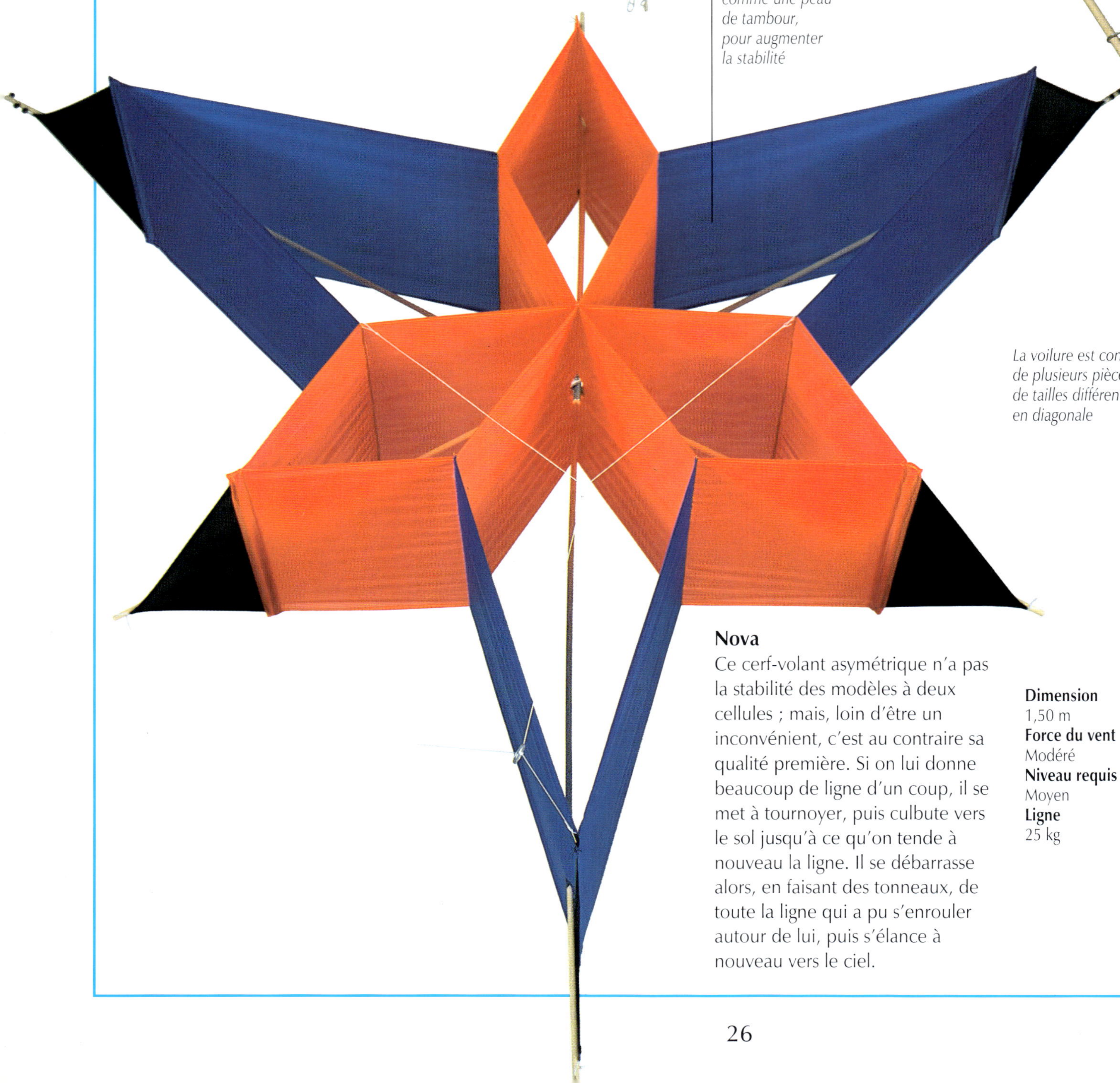

Nova
Ce cerf-volant asymétrique n'a pas la stabilité des modèles à deux cellules ; mais, loin d'être un inconvénient, c'est au contraire sa qualité première. Si on lui donne beaucoup de ligne d'un coup, il se met à tournoyer, puis culbute vers le sol jusqu'à ce qu'on tende à nouveau la ligne. Il se débarrasse alors, en faisant des tonneaux, de toute la ligne qui a pu s'enrouler autour de lui, puis s'élance à nouveau vers le ciel.

Dimension
1,50 m
Force du vent
Modéré
Niveau requis
Moyen
Ligne
25 kg

Bride à trois brins

Cristal 3

Sous des apparences complexes, ce cerf-volant monocellulaire est en réalité de conception très simple. A la différence du cerf-volant classique à deux caissons, le Cristal 3 comporte une structure à l'extérieur de la voilure.

Dimension
1,50 m
Force du vent
Modéré
Niveau requis
Moyen
Ligne
50 kg

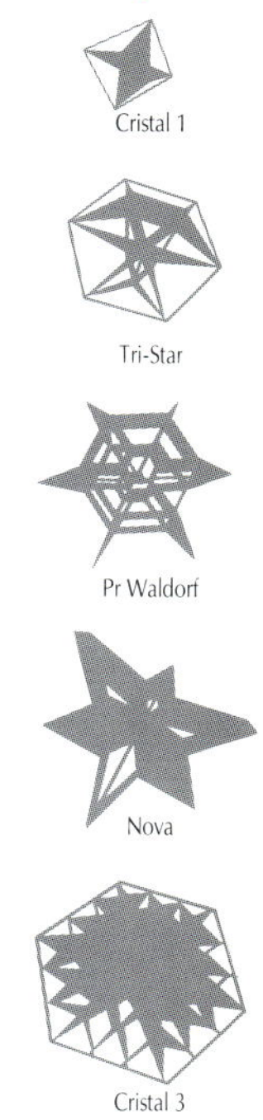

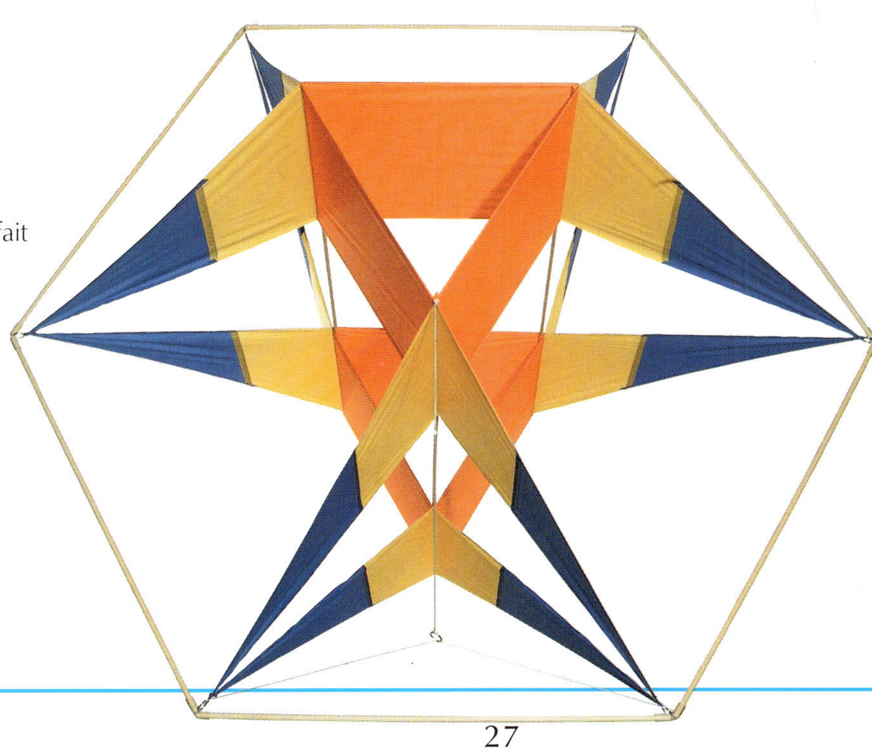

Tri-Star *(ci-contre)*

Bien que la structure se situe à l'extérieur, le Tri-Star est en fait une variante d'un modèle à deux cellules : il comporte deux cellules triangulaires.

Dimension
1,10 m d'est en ouest
Force du vent
Léger à modéré
Niveau requis
Moyen
Ligne
25 kg

Cristal 1 *(ci-dessus)*

Ce cerf-volant monocellulaire comporte une structure extérieure. Les baguettes forment un losange qui encadre une voilure en étoile.

Envergure
65 cm
Force du vent
Léger à modéré
Niveau requis
Débutant
Ligne
12 kg

LUGES

Le premier cerf-volant-luge fut breveté dans les années 50, et les modèles créés depuis ont très peu modifié la conception de base. Une luge ne comporte pas d'armature et c'est le vent qui la maintient ouverte en vol. C'est un cerf-volant très simple, ce qui explique pourquoi c'est aussi celui que les cerfs-volistes fabriquent le plus fréquemment. Pour cela, on peut utiliser pratiquement tous les matériaux légers : papier, toile de spi, ou même sac plastique, et, pour les baguettes, ramin voire pailles à boire. Une luge est assez stable en vol, mais peut se replier sous un vent de travers.

Luge à ailerons
Cette luge comporte, outre deux paires de dérives, un aileron de chaque côté ; une baguette transversale relie les deux pointes des ailerons. La longueur de cette baguette n'est pas suffisante pour tendre la toile, mais lui permet au contraire de se cintrer.

Envergure
1,20 m
Force du vent
Modéré
Niveau requis
Débutant à Moyen
Ligne
25 kg

Luge type Grauel
La luge de base comportait deux dérives triangulaires et pas d'évents ; par la suite on a constaté qu'en pratiquant des orifices dans la voilure, on gagnait en stabilité.
Un certain nombre de variantes avec évents sont alors apparues, dont le modèle d'Ed Grauel, très répandu.

Envergure
99 cm
Force du vent
Modéré
Niveau requis
Débutant à Moyen
Ligne
25 kg

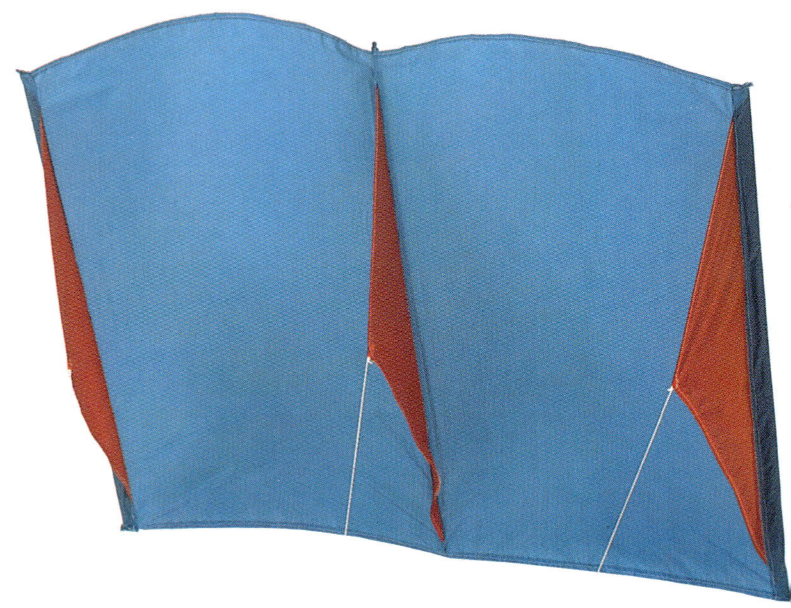

Luge double *(ci-dessus)*
Ce modèle est constitué de deux luges cousues côte à côte, auxquelles on a ajouté une dérive supplémentaire. Un inconvénient : lorsqu'il y a des vents de travers, les deux voilures se mettent alors à faire des mouvements d'accordéon.

Envergure
94 cm
Force du vent
Modéré
Niveau requis
Débutant à Moyen
Ligne
25 kg

Luge souple *(ci-contre)*
Ce cerf-volant, très léger, est d'une exceptionnelle résistance. Il ne comporte pas de baguettes ; en revanche, on trouve deux cellules situées sur les côtés, qui se gonflent au vent et qui donnent au cerf-volant sa forme en vol.

Envergure
50 cm
Force du vent
Modéré
Niveau requis
Débutant à Moyen
Ligne
25 kg

Luge multi-cellulaire

Cette luge est très puissante avec ses sept cellules, ses doubles dérives et ses seize brides. On gagne encore en stabilité en pratiquant des évents, mais il faut alors lui adjoindre un cône-ancre ou une queue en parachute, et on s'expose à des problèmes de contrôle de la luge.

Dimensions
1,70 m x 1 m
Force du vent
Modéré à fort
Niveau requis
Moyen à Confirmé
Ligne
90 à 160 kg

La voilure est très mince pour éviter les effets des vents de travers

Les évents augmentent la stabilité

Mini-luge

Ce cerf-volant est très facile à faire voler. Il ne comporte pas d'évents, sa stabilité est assurée par les dérives attachées à deux lignes qui se rejoignent, et par une fine queue. Ainsi, cette luge peut voler dans une large plage de vents.

Envergure
50 cm
Force du vent
Léger à modéré
Niveau requis
Débutant
Ligne
12 kg

AILES DELTA

L'aile delta est un cerf-volant très bon volateur qui accepte les vents les plus légers. Certains modèles munis de baguettes très légères arrivent même à voler sans vent, se contentant des courants chauds ascendants. en effet, chacun de ces courants donne au cerf-volant une force suffisante pour qu'il reste en l'air jusqu'à ce qu'il soit à nouveau propulsé par un autre courant. D'autres modèles, adaptés à une large plage de vents, peuvent emporter des caméras.

Aile de Dan Leigh
Cette aile delta haute performance reprend le principe du planeur, et vole même par les vents les plus légers. Le nez a un angle très obtus, la dérive est très allongée. La traînée, ou force de résistance à l'air, n'entrave pas le vol car la toile est très tendue par les baguettes.

Envergure
2 m
Force du vent
Léger
Niveau requis
Moyen
Ligne
27 kg

Poisson
La queue de ce poisson amusant est en fait une dérive. A l'extrémité des baguettes de bords d'attaque, la voilure se termine en pointe au niveau du nez du cerf-volant. Les bords de la queue sont maintenus par des baguettes en fibre de verre.

Envergure
1,60 m
Force du vent
Léger à modéré
Niveau requis
Moyen
Ligne
27 kg

Delta Conyne
Ce modèle est une variante de l'aile delta standard. Il comporte un caisson rigidifié par des baguettes, qui augmente la stabilité.

Envergure
2,70 m
Force du vent
Léger à modéré
Niveau requis
Débutant à Moyen
Ligne
25 kg

Buzzard

Dans cette variante de l'aile delta, les bords d'attaque sont constitués par des ailes en pointe. La baguette transversale est composée de deux parties raccordées par un dièdre, lui-même fixé à la vergue verticale. Une dérive augmente encore la stabilité.

Envergure
1,60 m
Force du vent
Léger à modéré
Niveau requis
Moyen
Ligne
12 kg

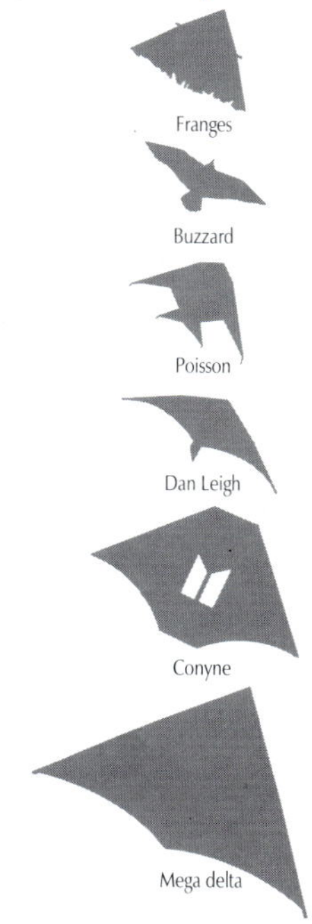

Envergure
3,70 m
Force du vent
Léger à modéré
Niveau requis
Moyen
Ligne
90 kg

Mega delta

Il s'agit d'une aile delta classique, mais avec un angle de nez à 90°. Ce cerf-volant comporte une grande vergue, deux baguettes de bords d'attaque, et une baguette transversale qui maintient écartées l'une de l'autre les deux baguettes de bords d'attaque. Cette baguette transversale ne tend pas la voilure, elle permet au contraire au vent de donner au cerf-volant une forme arquée, ce qui augmente la stabilité.

Delta à franges

Cette aile a beaucoup de succès auprès des enfants, car elle est très maniable et convient très bien aux débutants. La stabilité est renforcée par un bord de fuite frangé et par une dérive triangulaire.

Envergure
1 m
Force du vent
Léger
Niveau requis
Débutant
Ligne
25 kg

MODÈLES SOUPLES

La plupart des modèles souples sont dérivés du Parafoil, dont la conception remonte aux années 60. A la différence des autres, ils ne comportent pas d'armature : c'est le vent qui leur donne leur forme. Le Parafoil a une section transversale inspirée d'une aile d'avion. Les modèles souples ont déjà servi à transporter des caméras, du matériel de météorologie, et même des hommes.

Envergure
3,50 m
Force du vent
Modéré
Niveau requis
Moyen à Confirmé
Ligne
90 kg

Snoopy
Il s'agit d'un cerf-volant très sophistiqué : les ailes sont constituées par deux Parafoil, le fuselage par une manche à air. Ses qualités en acrobatie sont toutes relatives ; en revanche, il est imbattable au niveau de l'effet produit en vol.

Lent, mais spectaculaire
Snoopy est typiquement un cerf-volant dont l'intérêt tient à l'aspect.

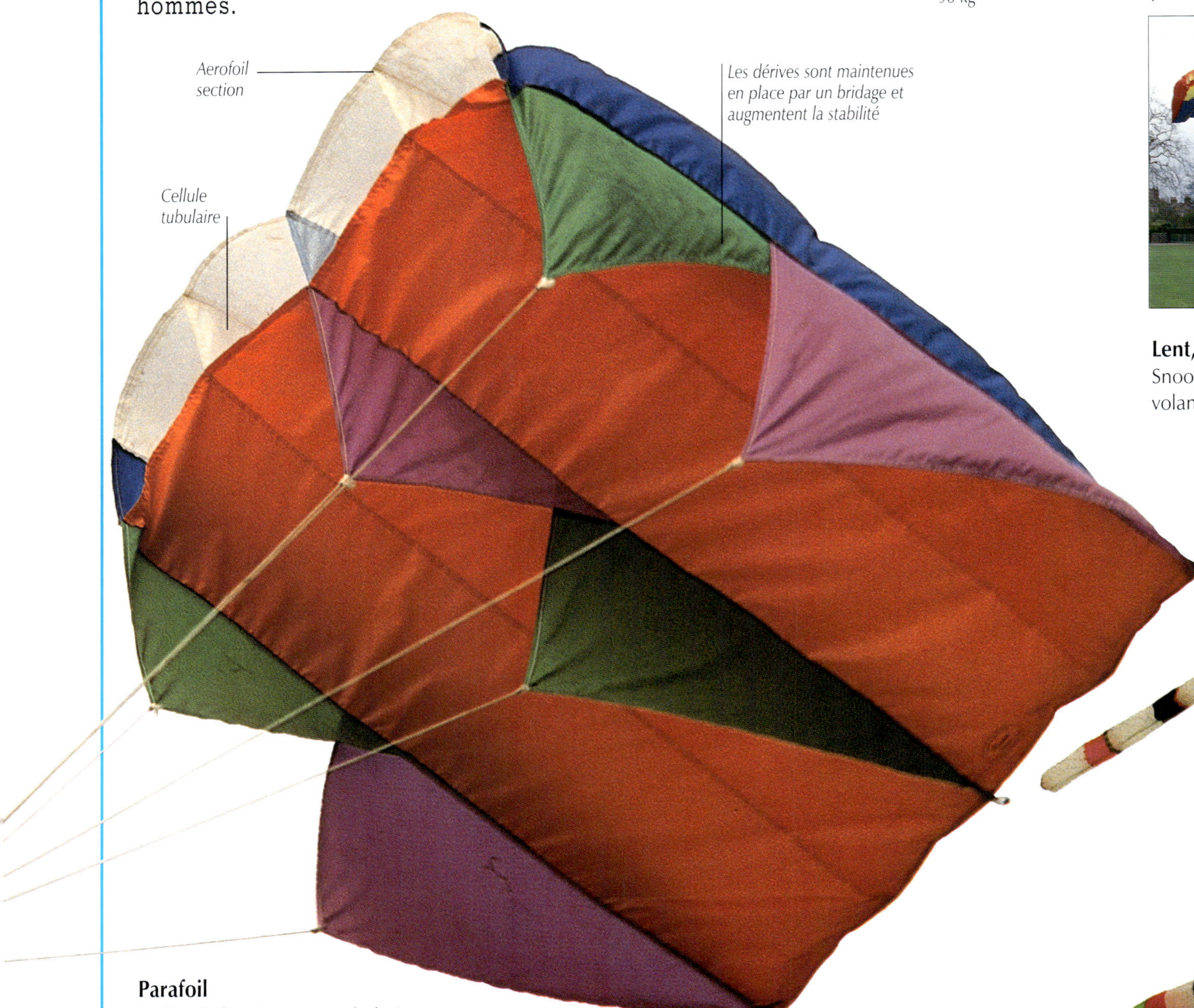

Parafoil
Le Parafoil, qui comprend plusieurs cellules, se trouve dans différentes tailles, depuis celui qu'on transporte à la main jusqu'à celui qui doit être récupéré à l'aide de camions. Le nombre de cellules et de dérives est variable en fonction de la largeur du cerf-volant.

Dimensions
60 x 92 cm
Force du vent
Modéré à fort
Niveau requis
Débutant
Ligne
25 kg

Flowform

Ce cerf-volant comporte trois dérives seulement, le bridage est donc très simple.

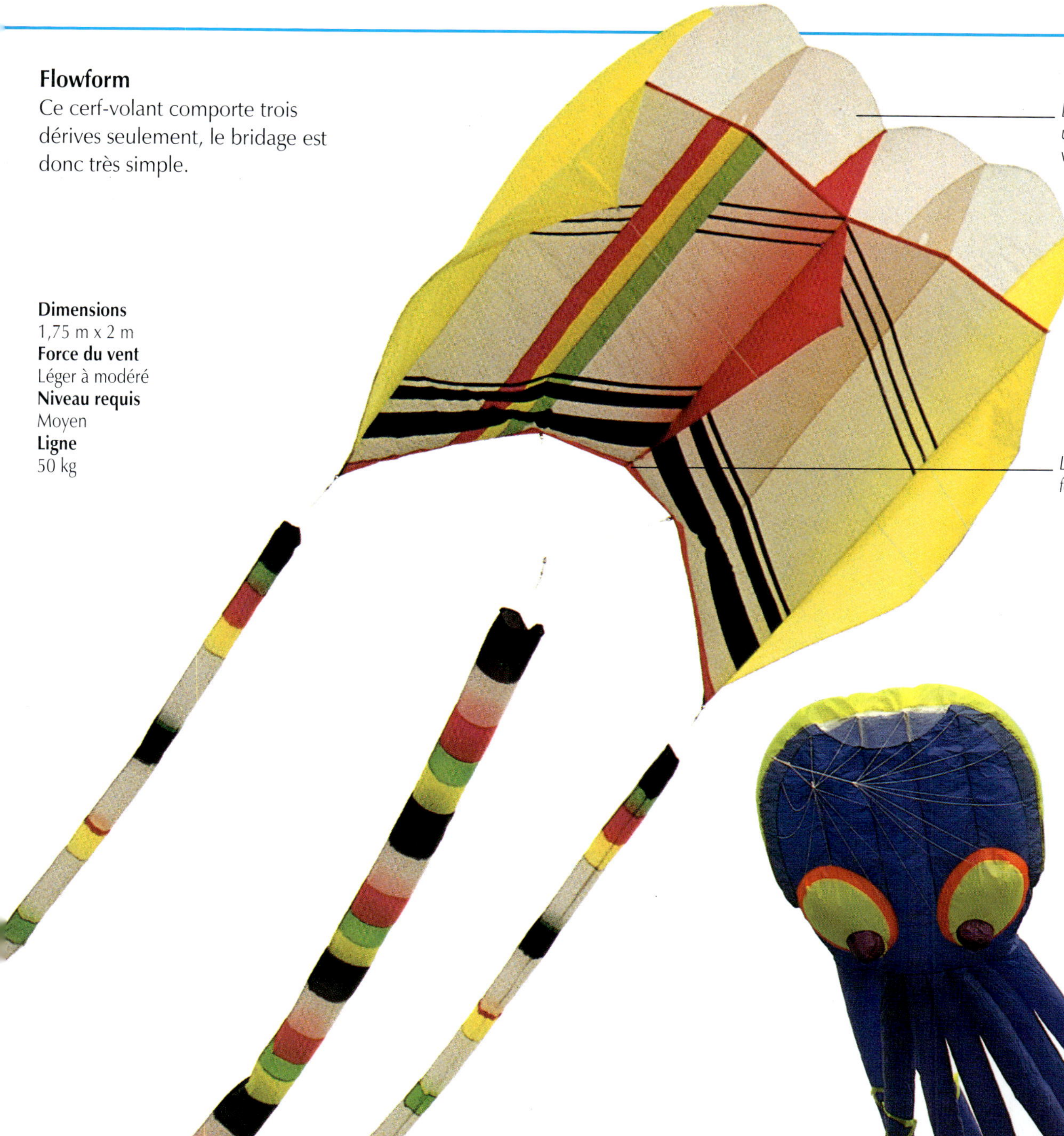

Dimensions
1,75 m x 2 m
Force du vent
Léger à modéré
Niveau requis
Moyen
Ligne
50 kg

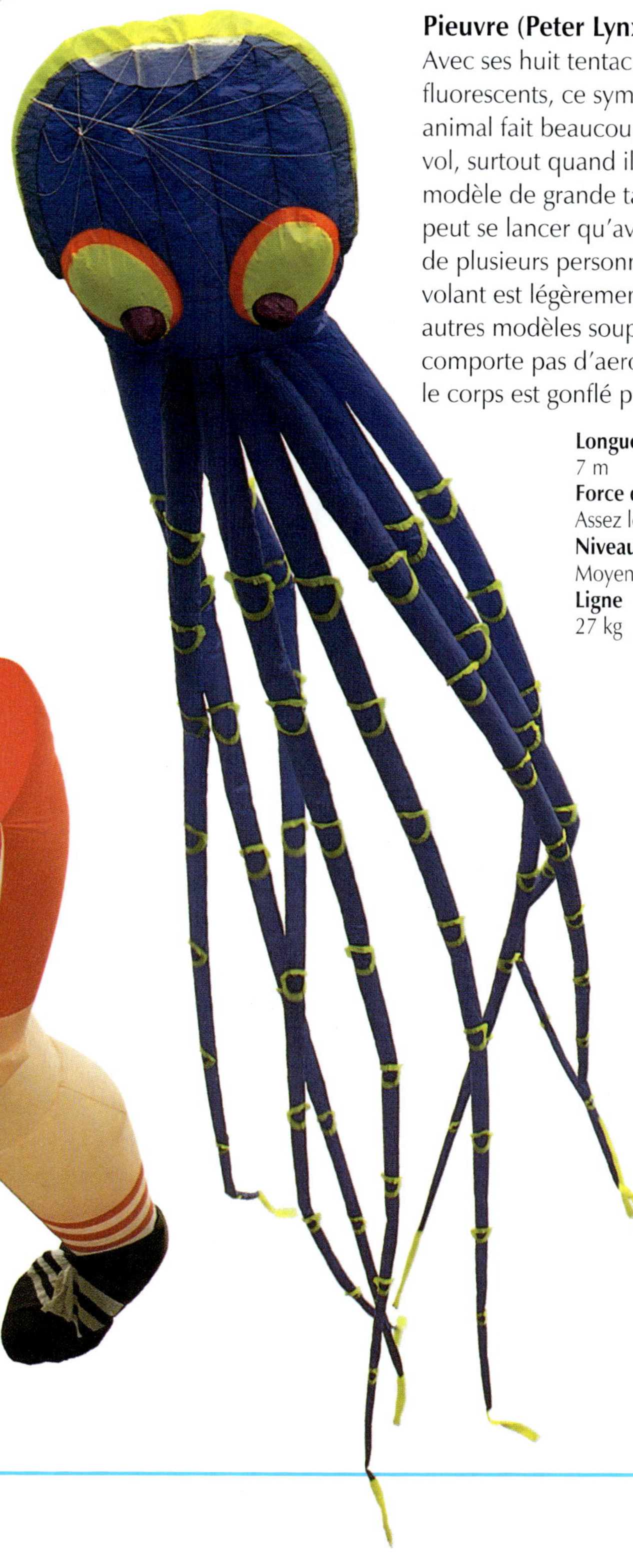

Pieuvre (Peter Lynx)

Avec ses huit tentacules et ses yeux fluorescents, ce sympathique animal fait beaucoup d'effet en vol, surtout quand il s'agit du modèle de grande taille qui ne peut se lancer qu'avec le concours de plusieurs personnes. Ce cerf-volant est légèrement différent des autres modèles souples, car il ne comporte pas d'aerofoil section : le corps est gonflé par le vent.

Longueur
7 m
Force du vent
Assez léger à modéré
Niveau requis
Moyen
Ligne
27 kg

Dimension
10 m de la ceinture aux orteils
Force du vent
Léger à modéré
Niveau requis
Moyen à Confirmé
Ligne
450 kg

Jambes de Martin Lester

Variation très anglo-saxonne sur le Flowform. Les deux jambes sont des manches à air en plusieurs parties : en vol, les genoux se plient

MODÈLES ACROBATIQUES

Les cerfs-volants pilotables trouvent la faveur d'un public de plus en plus large, favorisée par l'apparition de la voile delta. Ils se pilotent grâce à deux lignes ; on trouve depuis peu des cerfs-volants pilotables à quatre lignes qui permettent d'ajuster l'angle d'incidence sur les deux côtés du cerf-volant : on contrôle ainsi, non seulement la direction, mais aussi la vitesse. Certains cerfs-volants pilotables ont pour caractéristique principale la précision, d'autres la vitesse. Ils sont tous maniables.

Trois modèles de Peter Powell

Envergure
1,20 m
Force du vent
Modéré à fort
Niveau requis
Novice à Expérience
Ligne
18 kg

Peter Powell *(ci-dessus)*
Lancé dans les années 70, c'est l'ancêtre bien portant des cerfs-volants pilotables. La queue qui se gonfle au vent ralentit la course du cerf-volant et stabilise sa trajectoire.

Hawaïen
Cette grande aile delta offre une précision d'évolution très utile pour les ballets aériens en équipes. Elle est lourde et assez lente, et permet de réussir des virages à angle droit et des boucles bien régulières.

En vol, le bord de fuite prend une forme courbe

Envergure
2,40 m
Force du vent
Léger à modéré
Niveau requis
Expérience à Master
Ligne
90 kg

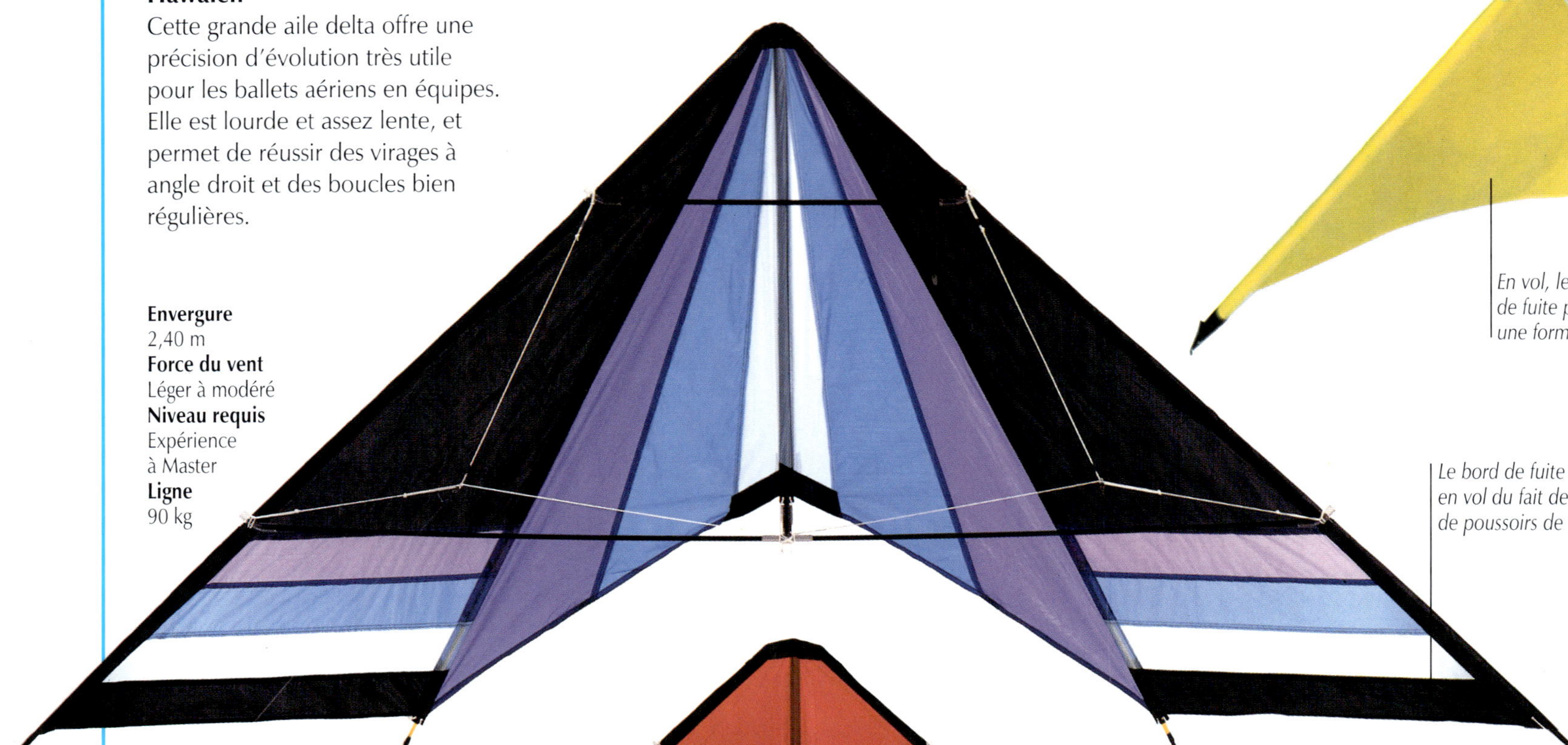

Le bord de fuite vibre en vol du fait de l'absence de poussoirs de voile

Spin-off
Le bord de fuite en forme de chevron permet de diminuer la traînée, ce modèle est donc plus rapide que l'Hawaïen. Cette forme en chevron a inspiré de nombreux modèles.

Envergure
2,40 m
Force du vent
Modéré à fort
Niveau requis
Expérience à Master
Ligne
68 kg

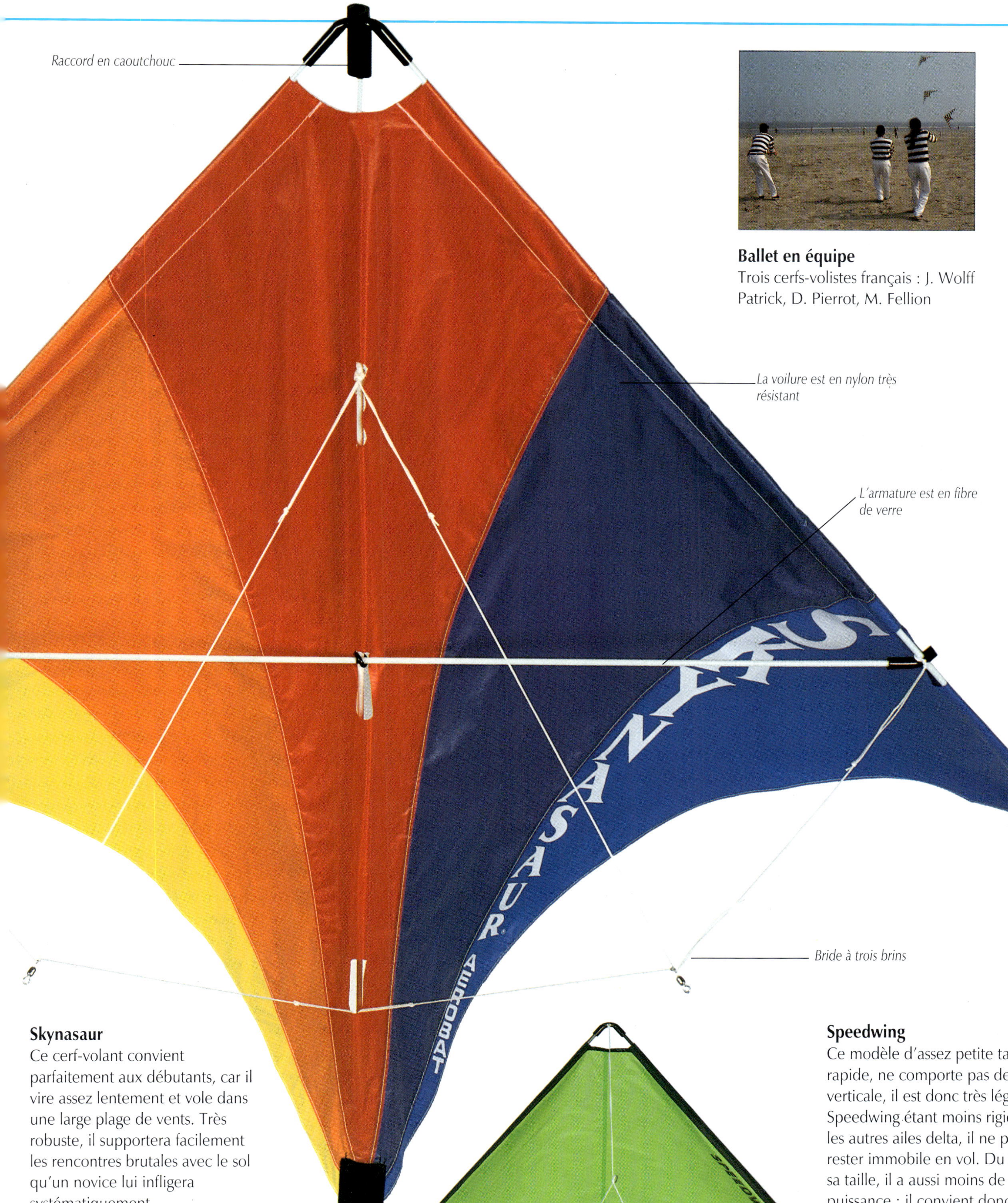

Ballet en équipe
Trois cerfs-volistes français : J. Wolff Patrick, D. Pierrot, M. Fellion

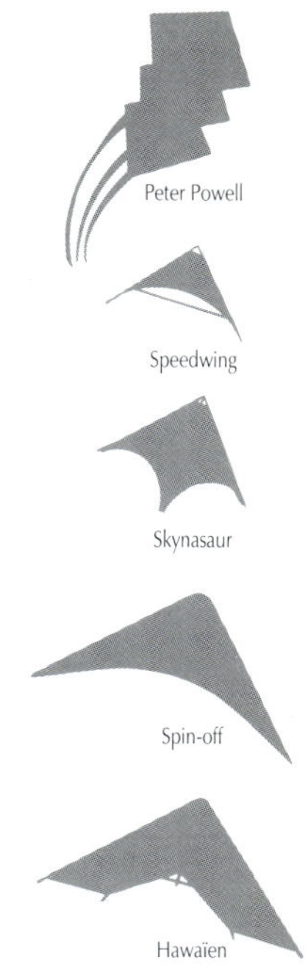

Skynasaur
Ce cerf-volant convient parfaitement aux débutants, car il vire assez lentement et vole dans une large plage de vents. Très robuste, il supportera facilement les rencontres brutales avec le sol qu'un novice lui infligera systématiquement.

Envergure
1,40 m
Force du vent
Modéré à fort
Niveau requis
Novice à Expérience
Ligne
27 kg

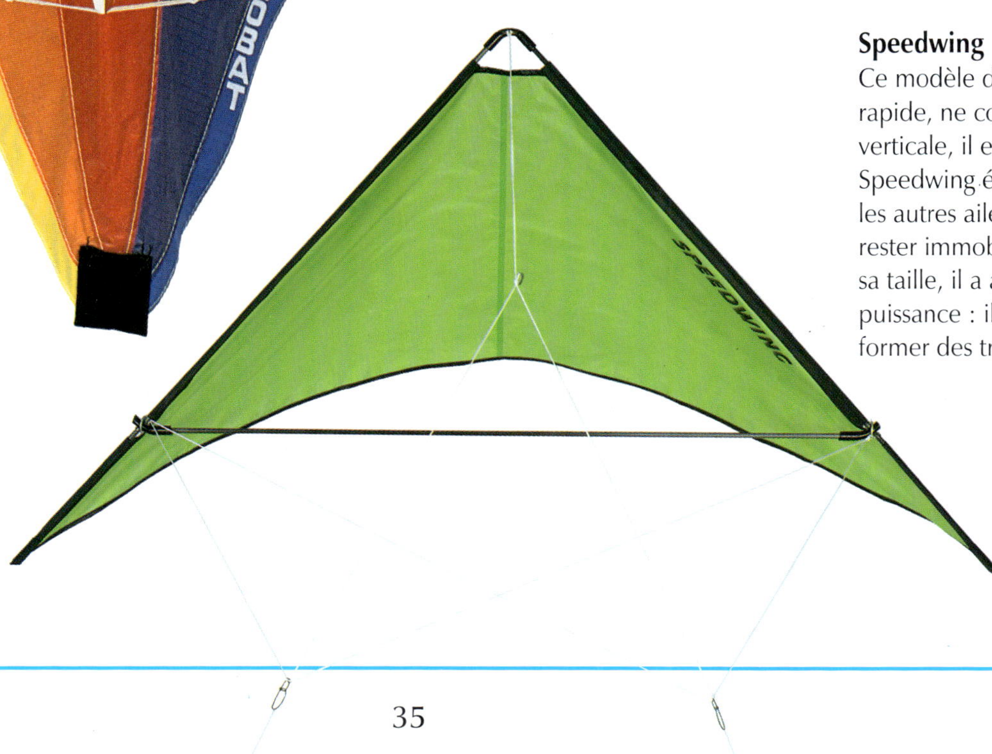

Speedwing
Ce modèle d'assez petite taille, rapide, ne comporte pas de vergue verticale, il est donc très léger. Le Speedwing étant moins rigide que les autres ailes delta, il ne peut pas rester immobile en vol. Du fait de sa taille, il a aussi moins de puissance : il convient donc pour former des trains de cerfs-volants.

Envergure
1,20 m
Force du vent
Modéré
Niveau requis
Expérience
Ligne
50 kg

MODÈLES ACROBATIQUES

Fantôme Tim Benson
Dans ce cerf-volant léger, précis et rapide, on trouve à la fois un bord de fuite échancré et une vergue verticale de grande taille, ce qui permet de diminuer la traînée ; ce cerf-volant peut donc virer très vite.

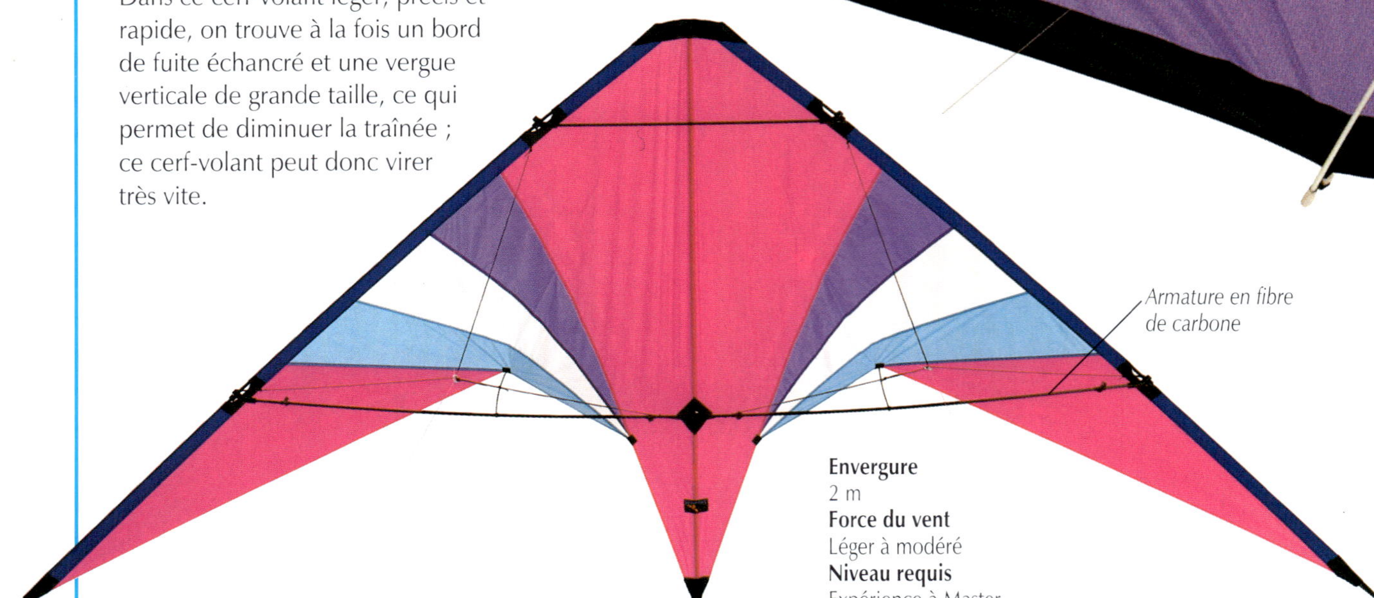

Envergure
2 m
Force du vent
Léger à modéré
Niveau requis
Expérience à Master
Ligne
68 kg

Révolution
A la différence des autres cerfs-volants acrobatiques présentés ici, ce modèle se pilote avec quatre lignes auxquelles on adapte des poignées : cela permet d'ajuster la bride de chaque côté et de faire voler le cerf-volant dans toutes les directions.

Envergure
1,90 m
Force du vent
Modéré à fort
Niveau requis
Master
Ligne
27 à 50 kg

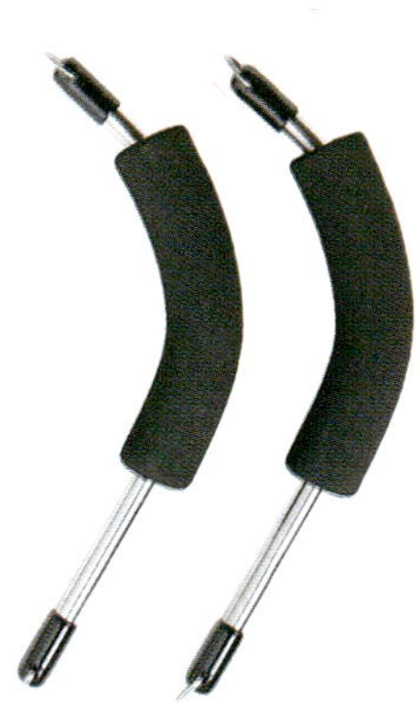

Au bout de chacune des deux poignées se trouve attachée une ligne de pilotage.

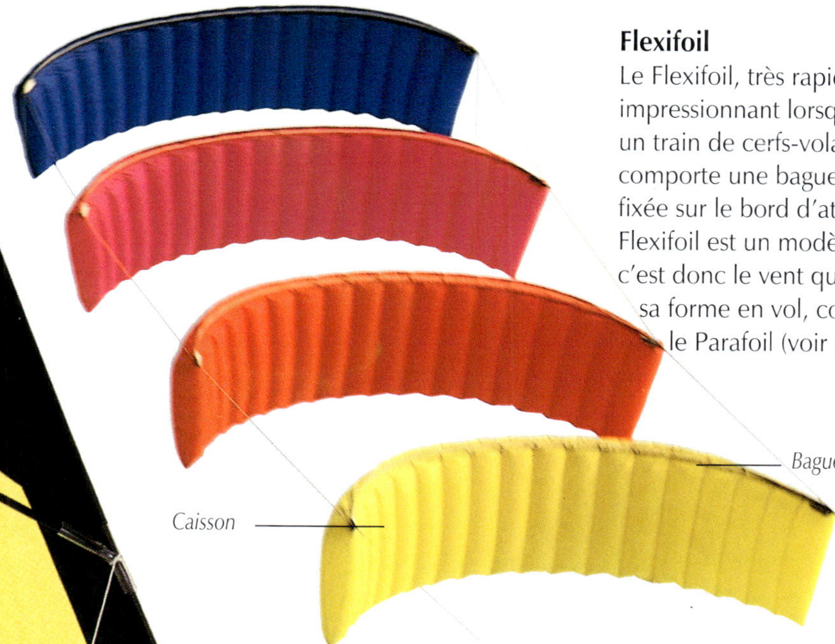

Quatre modèles de Flexifoils

Flexifoil

Le Flexifoil, très rapide, est impressionnant lorsqu'il compose un train de cerfs-volants. Il comporte une baguette fuselée fixée sur le bord d'attaque. Le Flexifoil est un modèle souple : c'est donc le vent qui lui donne sa forme en vol, comme le Parafoil (voir p. 32).

Envergure
1,20 m à 3,70 m
Force du vent
Léger à modéré
Niveau requis
Expérience à Master
Ligne
68 kg

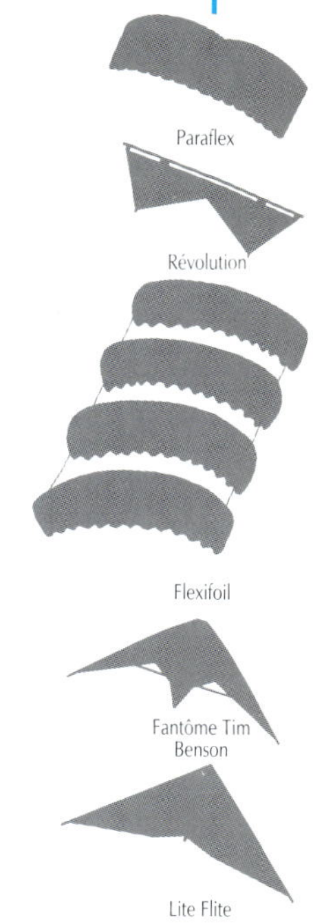

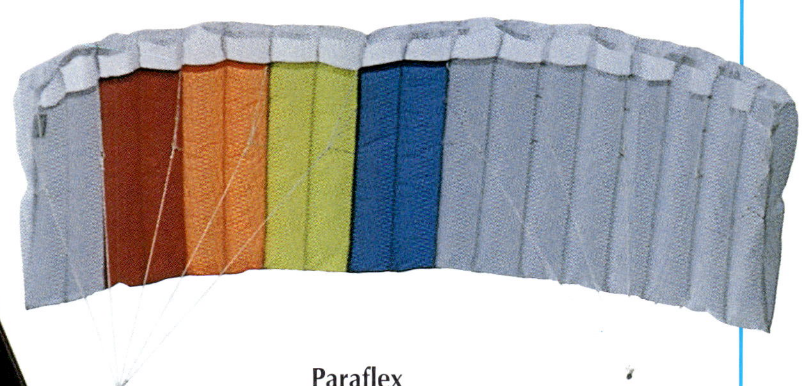

Paraflex

Le Paraflex comporte un grand nombre de caissons qui se gonflent au vent ; de par sa conception, on peut dire que c'est un Parafoil d'acrobatie. Il a une forme similaire à celle du Flexifoil, mais ne comporte pas de baguette.

Envergure
1,90 m
Force du vent
Modéré à fort
Niveau requis
Expérience à Master
Ligne
36 kg

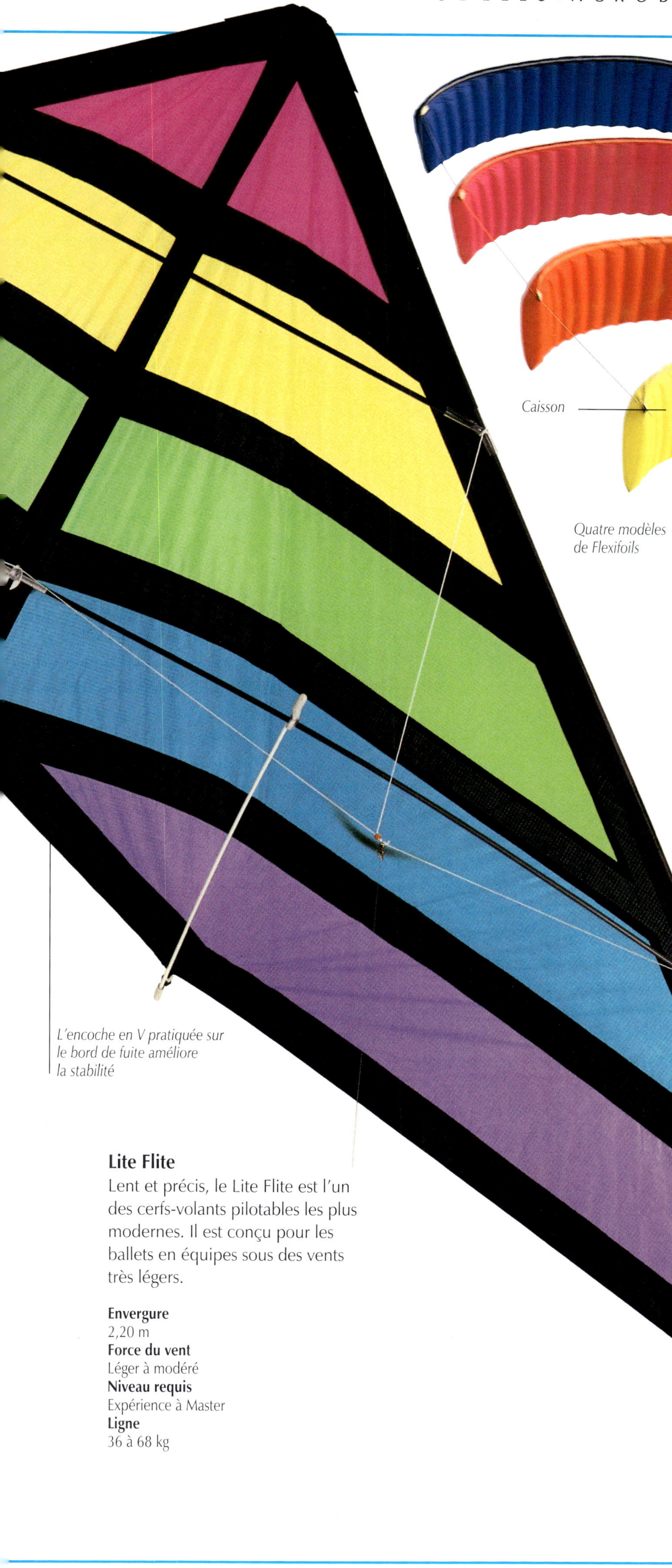

L'encoche en V pratiquée sur le bord de fuite améliore la stabilité

Lite Flite

Lent et précis, le Lite Flite est l'un des cerfs-volants pilotables les plus modernes. Il est conçu pour les ballets en équipes sous des vents très légers.

Envergure
2,20 m
Force du vent
Léger à modéré
Niveau requis
Expérience à Master
Ligne
36 à 68 kg

PAPIER ET PLASTIQUE

Les matériaux que nous utilisons dans la vie quotidienne, comme le papier et le plastique, se prêtent très bien à la fabrication de cerfs-volants. Journaux, papiers d'emballage, sacs en papier peuvent servir à fabriquer des modèles simples, mais fragiles, ce qui amuse beaucoup les enfants.

Simple pliure

Dans ce rectangle de papier qu'on a plié en deux, on a passé au niveau de la pliure une simple bride. A chaque bord inférieur, on a fixé une queue. Le bord d'attaque est renforcé par du ruban adhésif.

La pliure court depuis le bas de la feuille jusqu'au tiers supérieur environ

La queue est faite de lanières découpées dans un grand sac plastique et collées les unes aux autres

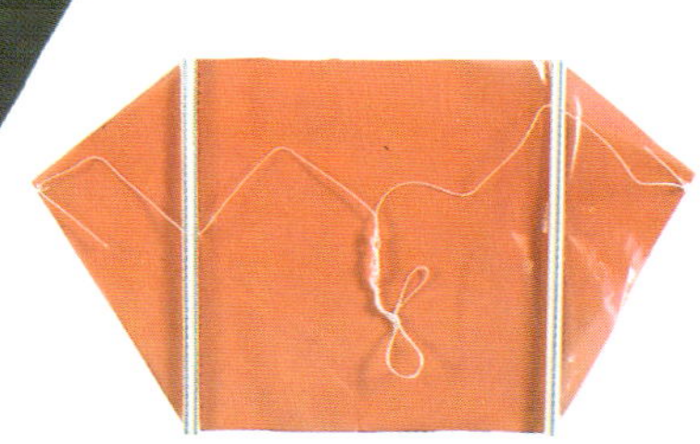

Luge plastique

Deux variantes de la luge, dont les points de bride sont renforcés par de l'adhésif :

- Grande luge : voilure taillée dans un sac plastique grand litrage ; baguettes, de couleur contrastée, constituées par des rectangles enroulés, découpés dans du plastique.
- Petite luge : voilure prise dans un sachet plastique ; baguettes : pailles pour boissons.

Kiskeedee *(à droite)*
Ce cerf-volant qui danse dans le ciel à été conçu par un septuagénaire jamaïcain. Plusieurs milliers d'enfants lui doivent leur initiation.

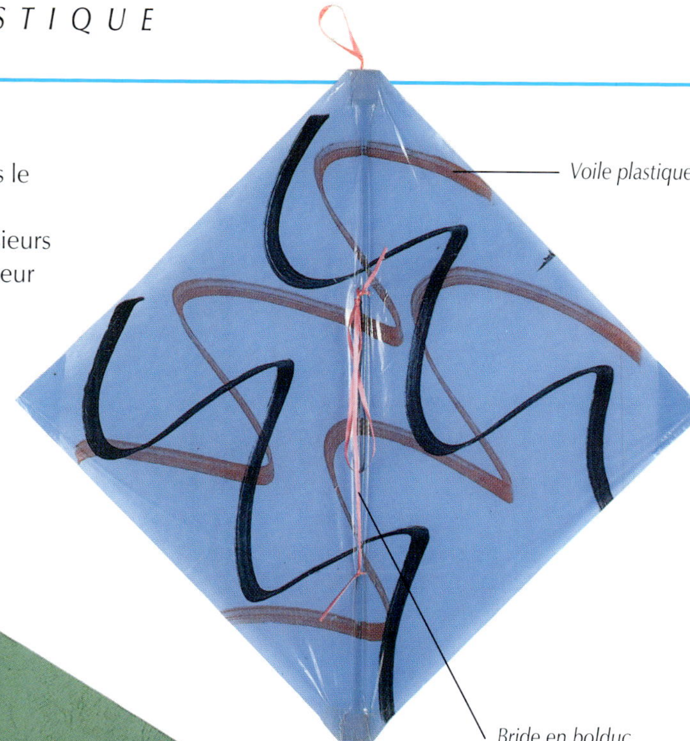

Voile plastique

Bride en bolduc

Dérive coupée en angle

Papier disponible dans les magasins de fournitures pour artistes

Depuis chaque point d'attache de bride, une pliure part et va jusqu'au bas du cerf-volant

Cerf-volant papier avec dérive
Quelques pliures, et voici un cerf-volant ! La dérive a été renforcée par du ruban adhésif, et on a ajouté une baguette : tout simplement une paille à boissons.

Rogallo flexible *(à droite)*
Ce papier japonais moucheté d'argent donne un style oriental à ce losange à cinq plis. Pour terminer le travail, une bride à deux brins et une longue queue d'une couleur contrastée.

Un Rogallo flexible en papier journal

L'ÉQUIPEMENT DU CERF-VOLISTE

Poignées, courroies et dévidoirs pour l'acrobatie, éclairages pour vol de nuit et anémomètres : parmi tous les accessoires disponibles, le choix est vaste et il est parfois difficile de s'y retrouver. Pour vous aider, nous vous présentons ici les possibilités qui correspondront aux caractéristiques de votre cerf-volant.

POIGNÉES

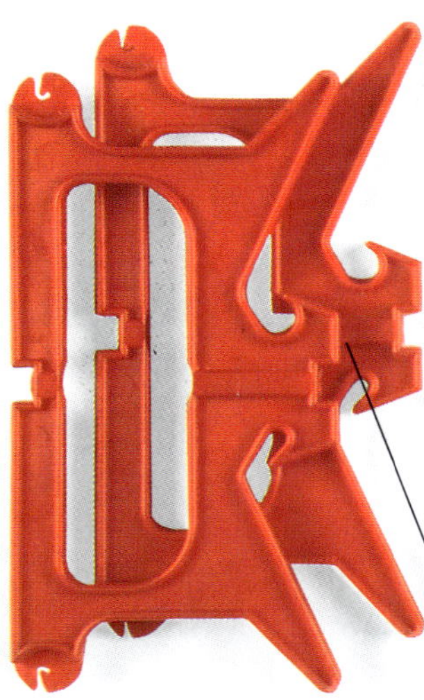

Poignées standard en plastique
Ces poignées, très légères, risquent de se casser sous la force d'un cerf-volant de grande taille ; elles ne conviennent donc qu'aux petits modèles.

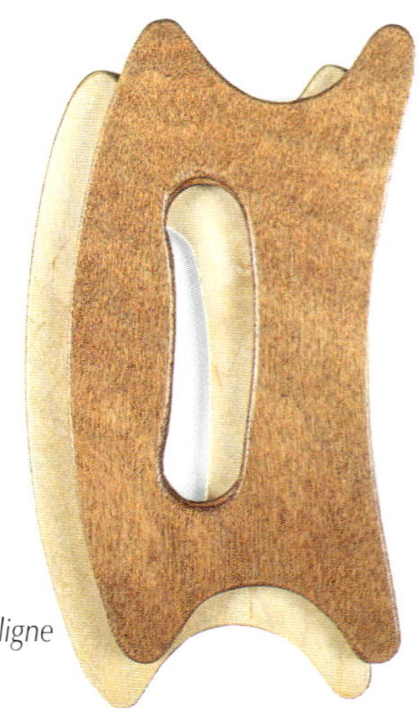

Poignée de bois
Elle convient aux modèles de grande taille comme l'aile Mega Delta, mais pas aux modèles pilotables.

Poignée Peter Powell
Cette poignée est plus confortable et plus résistante qu'une poignée standard ; elle est parfaitement adaptée aux modèles acrobatiques, de moyenne ou grande taille.

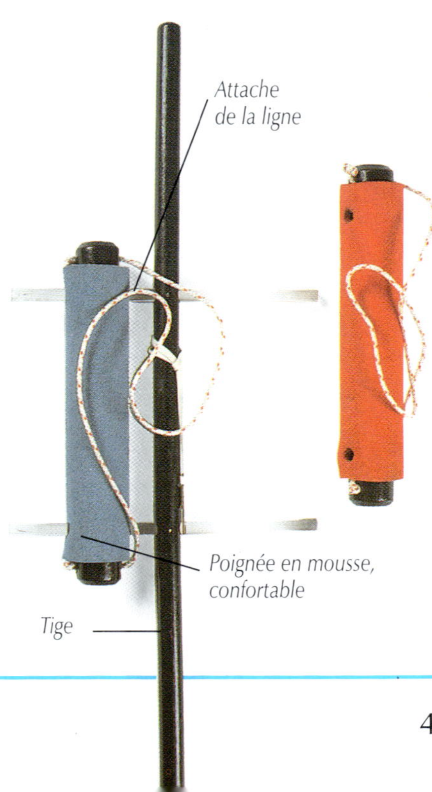

Poignée sky claw
Destinée aux modèles acrobatiques, elle est à mi-chemin entre une poignée et une sangle de poignet. Les poignées, amovibles, s'enfilent sur des tiges pour rembobiner la ligne après un vol.

SANGLES

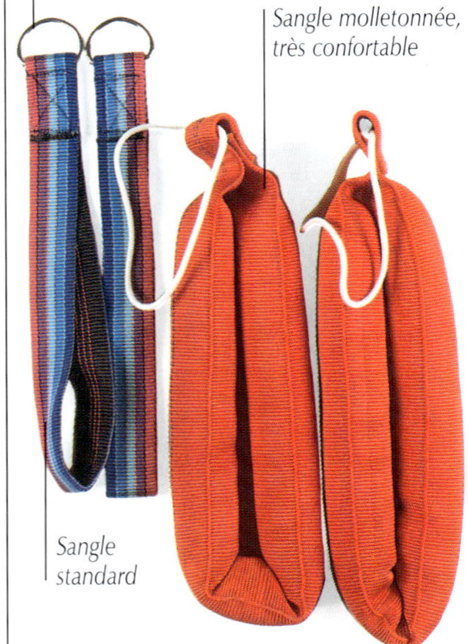

Sangles de poignets
Elles peuvent remplacer les poignées dans un vol acrobatique, car elles évitent la fatigue des doigts. Les sangles fines conviennent aux petits modèles pilotables, les sangles rembourrées aux grands. Il est impératif de prévoir un dévidoir ou une poignée.

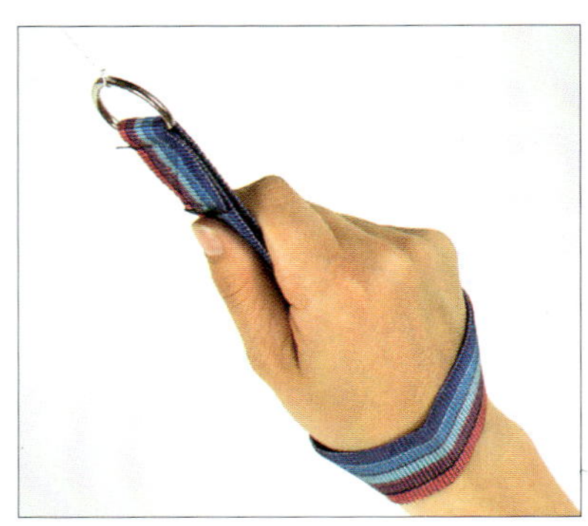

Comment mettre la sangle
Glissez la sangle autour du poignet et tenez-la au-dessous de l'anneau en D.

Sangle de doigts
Elle est identique dans son principe à la sangle de poignet, mais elle permet de mieux réagir aux mouvements d'un cerf-volant acrobatique. Elle n'est agréable que lorsque les vents sont légers.

DÉVIDOIRS ET ENROULEURS

Dévidoirs en plastique
Ils permettent de dérouler ou de rembobiner la ligne. Ils ne conviennent pas aux grands modèles, car leur gorge accueille une longueur de ligne limitée. Plusieurs tailles.

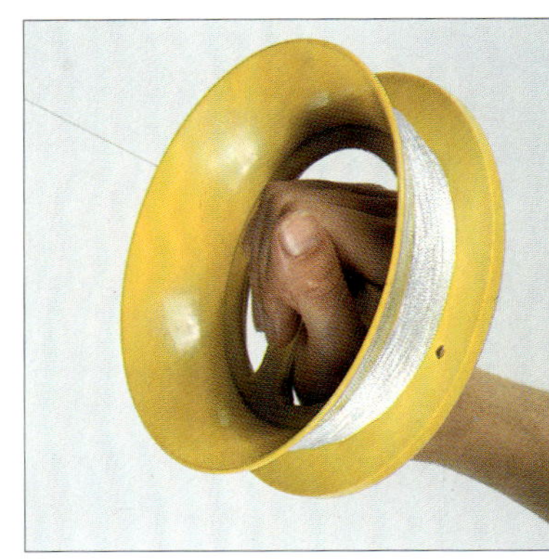

Comment utiliser le dévidoir
Tenez le dévidoir verticalement d'une main. Pour laisser filer la ligne, basculez le dévidoir. Pour arrêter la ligne, tenez à nouveau le dévidoir en position verticale.

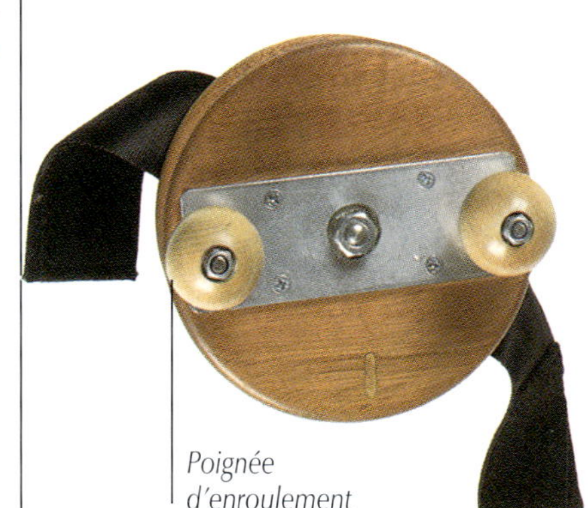

Dévidoir-enrouleur en bois
Cet accessoire est très robuste. En immobilisant la poignée, on cesse de donner ou de reprendre de la ligne. Pour redonner du mou, on laisse tourner la bobine.

Queues de stabilisation

Cône-ancre

Queues
Très décoratives, elles sont généralement en toile de spi ou en plastique.

Cette queue en parachute tourne sur elle-même

Queues en toile
Les queues en forme de cône ou de parachute sont généralement en nylon.

Une queue à franges augmente la traînée, ce qui permet un meilleur contrôle.

Manches à air
Ces manches à air, en toile de spi ou en coton, s'attachent à l'arrière des cerfs-volants. Gonflées par le vent, elles ajoutent au plaisir de l'œil et augmentent la stabilité de l'ensemble.

Accessoires

Gants
Une paire de gants de jardinage évite les brûlures aux mains lorsque la ligne file.

Lunettes de soleil
Elles vous permettront de voir votre cerf-volant quelle que soit la force du soleil. Investissez dans des verres de qualité.

Point d'attache de la ligne

Piquet à chien
L'extrémité en tire-bouchon se visse au sol, ce qui permet d'ancrer un cerf-volant monofil.

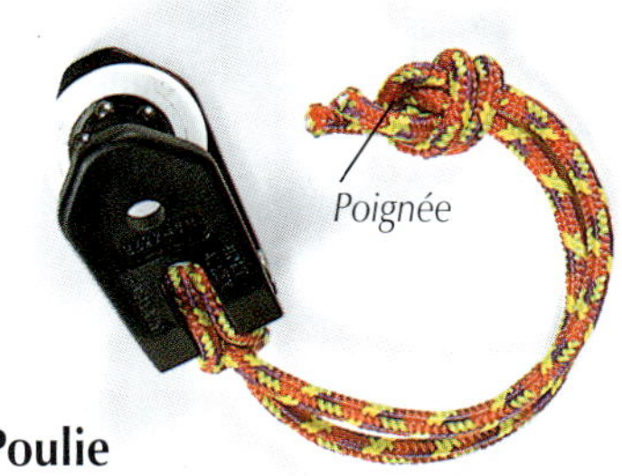

Poignée

Poulie
Elle permet de récupérer les cerfs-volants monofils de grande taille.

Messager
Cette petite voile en forme de papillon se fixe en bas de la ligne, sur laquelle elle coulisse jusqu'en haut du cerf-volant ; elle lâche un objet, un planeur par exemple, puis redescend au cerf-voliste.

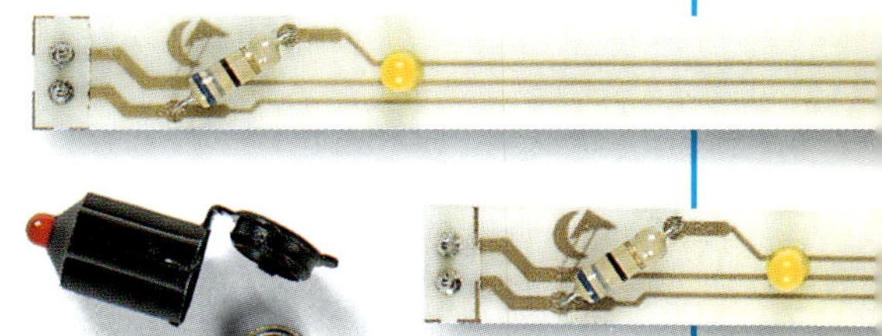

Eclairages pour vol de nuit
Ces batteries peuvent s'adapter sur un cerf-volant ou sa ligne. Le dispositif doit être léger afin d'éviter d'affecter les performances du cerf-volant. On trouve dans le commerce des systèmes très sophistiqués.

Anémomètre
Il s'agit d'une petite hélice qui se tient au vent et qui mesure la vitesse du vent au sol.

Lâcher de Teddy Bear
Le spectacle de ce nounours lâché en vol attire toujours beaucoup d'amateurs.

FAITES VOLER VOTRE CERF-VOLANT

Dans ce chapitre, nous vous indiquerons comment contrôler le vol des différents types de cerfs-volants et les gestes utiles dans les situations délicates, comment évaluer le vent et choisir le bon site. Nous vous présenterons enfin l'art passionnant de l'acrobatie, et vous informerons sur la manière de réaliser des figures classiques, comme le looping ou le piqué.

PRINCIPES DE BASE

Un cerf-volant étant plus lourd que l'air, il a besoin, pour voler, d'une force ascensionnelle qui soit plus importante que la force d'attraction. Vous obtiendrez une force ascensionnelle optimale si vous positionnez la voilure selon le bon angle par rapport au vent (angle d'incidence) en réglant l'anneau correctement sur la bride : à peu près au tiers inférieur en général, avec de petits ajustements pour tenir compte des vents. Même avec une bride réglée, l'angle d'incidence se modifie après le lancement, puis le cerf-volant adopte sa position optimale de vol.

L'ARC DE VOL

En vol, un cerf-volant subit trois forces différentes : la portance, la force de gravité, et la traînée. La portance est une force ascensionnelle exercée sur la voilure par la pression du vent, qui provoque l'élévation du cerf-volant et son maintien dans les airs. La gravité est une force contraire qui ramène l'objet vers le sol. La traînée est la force de la résistance de l'air au déplacement du cerf-volant. Ces trois forces interagissent de façon différente selon le mouvement du cerf-volant, comme l'illustre le dessin de cette page.

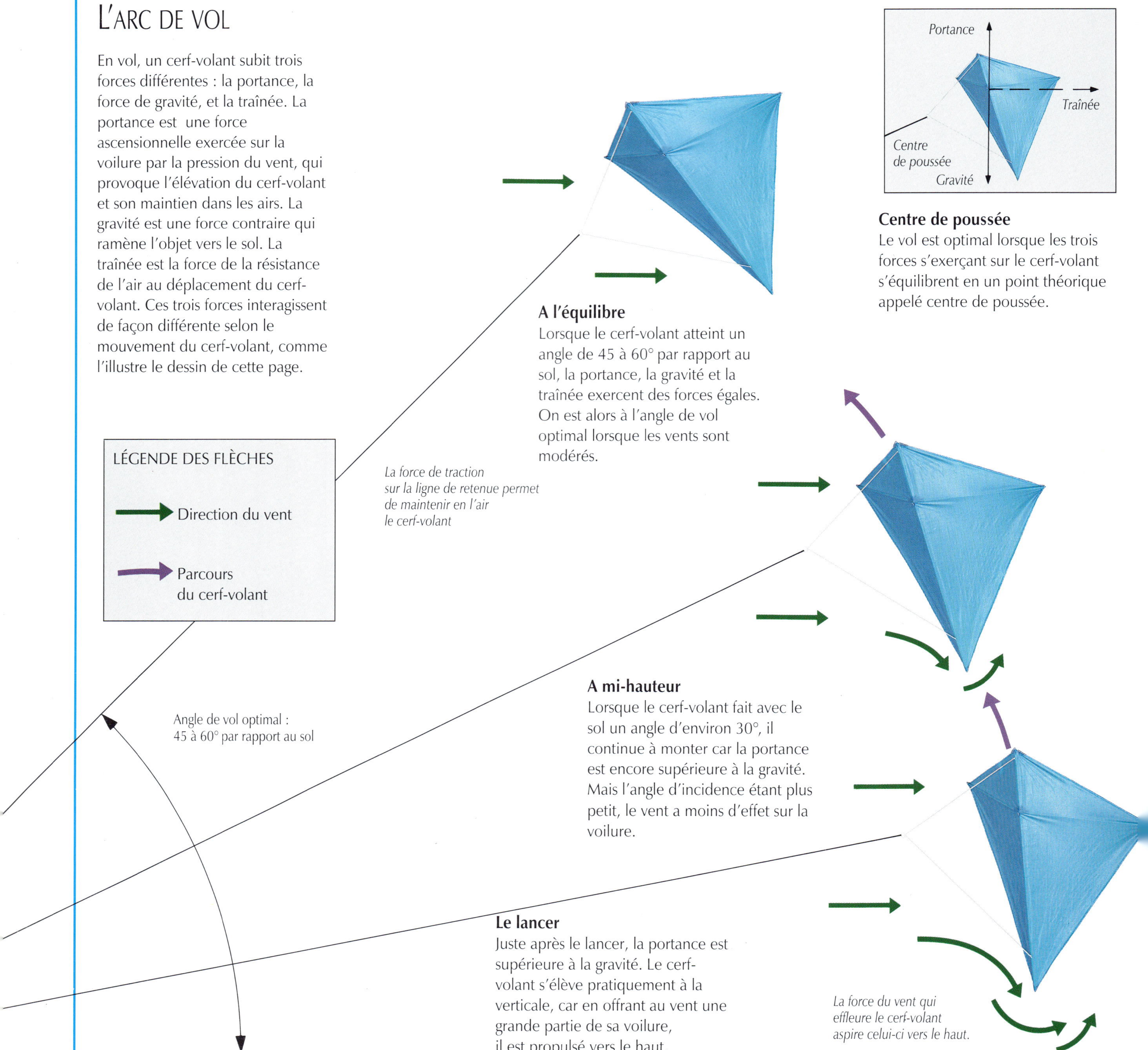

Centre de poussée
Le vol est optimal lorsque les trois forces s'exerçant sur le cerf-volant s'équilibrent en un point théorique appelé centre de poussée.

A l'équilibre
Lorsque le cerf-volant atteint un angle de 45 à 60° par rapport au sol, la portance, la gravité et la traînée exercent des forces égales. On est alors à l'angle de vol optimal lorsque les vents sont modérés.

A mi-hauteur
Lorsque le cerf-volant fait avec le sol un angle d'environ 30°, il continue à monter car la portance est encore supérieure à la gravité. Mais l'angle d'incidence étant plus petit, le vent a moins d'effet sur la voilure.

Le lancer
Juste après le lancer, la portance est supérieure à la gravité. Le cerf-volant s'élève pratiquement à la verticale, car en offrant au vent une grande partie de sa voilure, il est propulsé vers le haut.

Pour le maintenir en l'air

Pour rester en l'air, un cerf-volant doit être maintenu face au vent ; il doit donc avoir une stabilité directionnelle. Certains cerfs-volants sont stables de par leur conception même, d'autres nécessitent que leur stabilité soit renforcée.

Aile delta
La forme de l'aile delta et son bord de fuite courbe lui permettent de voler selon un angle d'incidence très petit, puisqu'il est presque à l'horizontale.

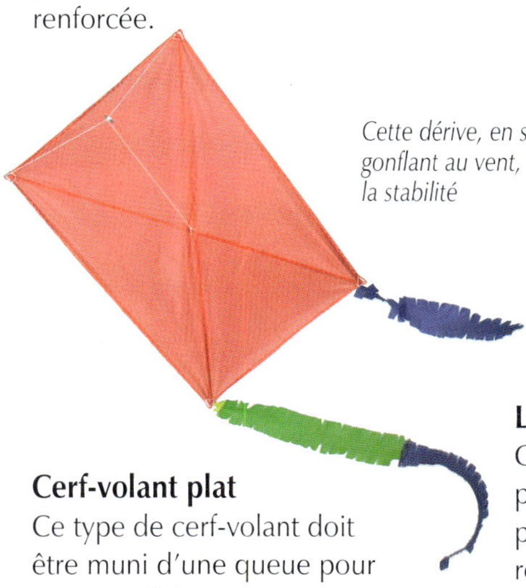

Cerf-volant plat
Ce type de cerf-volant doit être muni d'une queue pour rester en l'air.

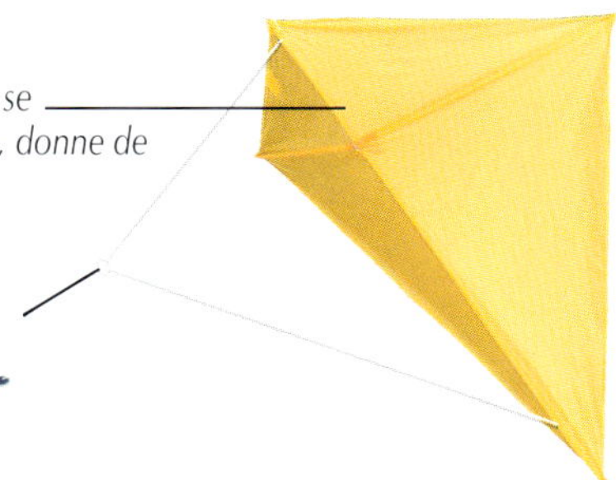

Losange classique
Ce type de cerf-volant doit voler à plat avec une longue queue, ou présenter une surface biplane qui rend la queue facultative.

Cerf-volant à deux cellules
La cellule, du fait de l'importance des surfaces, assure au cerf-volant portance et stabilité.

Pour ajuster la bride

Positionnez grossièrement la bride, puis affinez le réglage sur place.

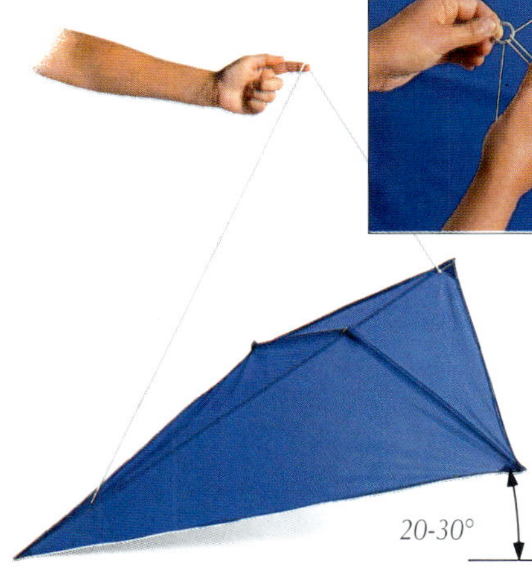

1 Posez le cerf-volant par terre sur le dos. Mettez l'index sous la ligne, faites remonter votre main le long de la ligne de façon à soulever le haut du cerf-volant.

2 Lorsque le haut du cerf-volant se trouve à un angle de 20 à 30° par rapport au sol, fixez un anneau à l'endroit de votre doigt en faisant un nœud "tête d'alouette" (voir p.65). L'anneau constitue le point de bride. Il se situe généralement au tiers inférieur et à mi-ligne de l'intrados.

3 Faites un essai en tenant le cerf-volant au vent. Si le vent soulève le cerf-volant, c'est que la position de la bride est correcte.

Pour ajuster le point de bride

Le vent peut vous amener à ajuster le point de bride. Cela dit, il ne vous faudra que des ajustements minimes pour modifier l'angle d'incidence, qui se traduiront par un écart maximal d'1 cm par rapport à la position initiale.

Par vents faibles
Déplacez l'anneau vers vous de façon à ce que le vent ait plus de prise sur la voilure.

Par vents forts
Déplacez l'anneau vers le haut du cerf-volant, afin de diminuer la pression exercée par le vent sur la voilure.

AVANT DE LANCER

Choisissez un endroit plat et dégagé, ne comportant ni arbres, ni constructions, ni fils ou câbles aériens qui risqueraient de gêner le vol. Si vous avez autour de vous d'autres cerfs-volistes, mettez-vous là où le ciel est le plus dégagé. Ne croyez pas qu'un cerf-volant ait besoin de beaucoup de vent pour voler : à l'exception de quelques modèles destinés aux vents forts, ils sont conçus pour des vents légers à modérés. Avant de lancer un cerf-volant, mesurez toujours la vitesse du vent.

CHOISISSEZ LE SITE D'ÉVOLUTION

Le site idéal est un endroit plat et dégagé : par exemple une grève ou une lande, ou, en zone urbanisée, une grande pelouse. Les constructions et les arbres situés dans le parcours du vent provoquent des turbulences.

Le vol en bord de mer
Une plage plate est un endroit parfait pour s'adonner au cerf-volant. Evitez bien sûr les zones accidentées par des falaises, qui provoquent des turbulences.

Le vol en liberté
La pratique du cerf-volant procure une très forte impression de liberté.

L'espace bien dégagé
Même en zone urbanisée, on trouve des terrains qui offrent aux cerfs-volistes des espaces bien dégagés.

SÉCURITÉ : LES SEPT COMMANDEMENTS

- ▲ Choisissez un endroit bien dégagé, jamais à moins de 5 km d'un terrain d'aviation.
- ▲ Evitez la proximité des pylônes électriques et des fils aériens.
- ▲ Ne pratiquez jamais par temps d'orage, le cerf-volant risquant de conduire la foudre.
- ▲ Evitez la proximité de personnes ou d'animaux.
- ▲ Restez éloigné des autres cerfs-volistes, sauf si vous faites un ballet en équipe ou un combat.
- ▲ Portez des gants pour éviter les brûlures aux mains.
- ▲ Ne créez pas d'incident de frontière.

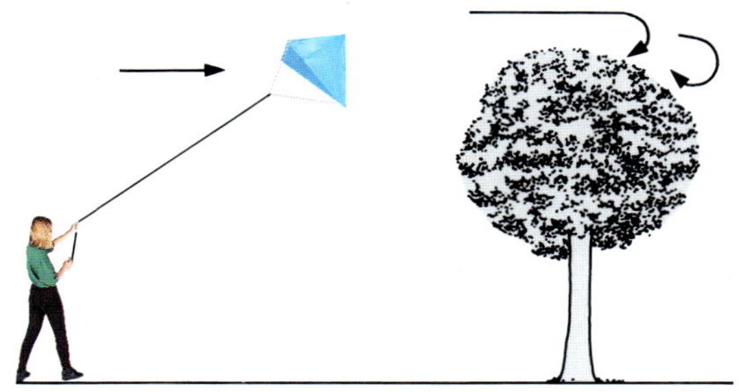

Evitez les turbulences
Si l'endroit n'est pas parfaitement dégagé, vous devez arriver à élever le cerf-volant au-dessus des arbres ou d'autres éléments pouvant obstruer le parcours du cerf-volant.

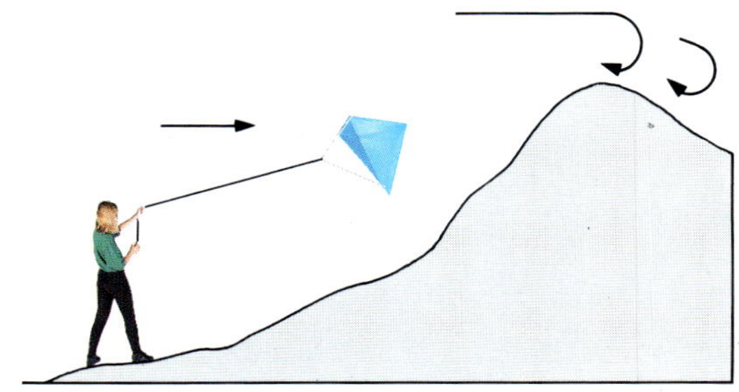

Face à une colline
On peut faire voler un cerf-volant depuis une colline. Placez-vous à mi-hauteur et évitez le sommet et l'autre versant de la colline, à cause des turbulences.

LA MESURE DE LA VITESSE DU VENT

La plupart des cerfs-volants sont conçus pour voler dans une certaine plage de vitesses de vents. Pour évaluer la vitesse du vent, utilisez un anémomètre (voir p. 41) ou ayez recours à l'échelle de Beaufort. Cette échelle de classement a été conçue en 1805 par Sir Francis Beaufort, un amiral anglais. Elle permet d'évaluer la force du vent en mer et de mesurer sa vitesse sur terre grâce à des indicateurs comme le comportement des arbres et des fumées. L'échelle de Beaufort va de 0 (calme) à 12 (ouragan). Ne faites pas voler votre cerf-volant à force 6 ou plus.

L'ÉCHELLE DE BEAUFORT

DESCRIPTION	INDICATEURS	CERFS-VOLANTS	VITESSE DU VENT (EN KM)	FORCE
Calme	Les fumées montent		<1	0
Très légère brise	Les fumées dérivent		1 - 5	1
Légère brise	Les feuilles frémissent	L'aile delta convient pour les vents légers, car elle glisse en haut de la fenêtre.	6 - 11	2
Petite brise	Les feuilles bougent	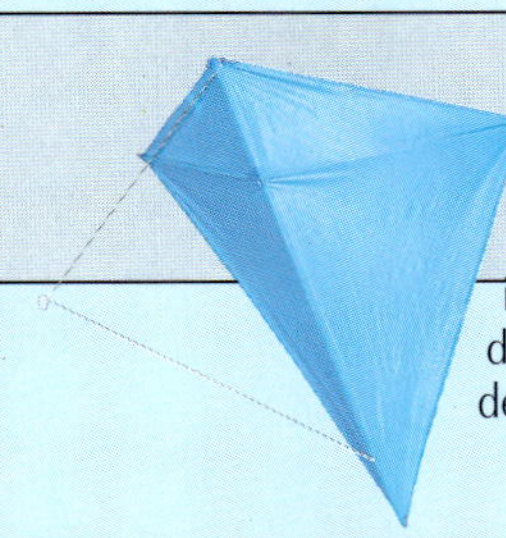 Les cerfs-volants non plats sont idéaux pour des vents de force 3 à 5.	12 - 19	3
Jolie brise	Les branches bougent		20 - 28	4
Vent frais	Les petits arbres oscillent	 En général, la meilleure force de vent pour les cerfs-volants cellulaires va de 4 à 6.	29 - 38	5
Bonne brise	Les grosses branches bougent		39 - 49	6

Les monofils

Qu'il s'agisse d'un modèle cellulaire ou d'un modèle Malay en forme de losange, un cerf-volant monofil est facile à lancer et à récupérer. Vérifiez que vous avez bien réglé la bride en position de vol (voir p.45), que les baguettes sont bien enfilées dans leurs poches, que la ligne est correctement attachée et que la queue, s'il en existe une, n'est pas emmêlée. Vous ne devez pas courir pour lancer le cerf-volant, sauf bien sûr si vous le souhaitez expressément. Si vous constatez que le cerf-volant descend vers le sol, reprenez de la ligne ou reculez : le cerf-volant se remettra à monter.

Lancement rapproché

Ce lancement, qui consiste à utiliser peu de ligne, est la méthode habituelle de lancement des monofils. Si cependant votre cerf-volant ne s'élève pas, c'est pour l'une des trois raisons suivantes : cerf-volant trop grand, vents trop faibles, ou turbulence au sol. Dans ce cas, effectuez un lancement à distance.

1 Placez-vous dos au vent ; tenez le cerf-volant dans une main, bras tendu, et la poignée ou le dévidoir dans l'autre.

2 Lâchez le cerf-volant en l'air, tout en donnant un peu de ligne. Le vent va prendre la voilure et soulever le cerf-volant. Donnez très progressivement de la ligne.

Lancement à distance

Il se pratique avec un cerf-volant difficilement maniable de près, ou si un lancement court n'a pas donné de résultats. Pour faciliter le lancement, faites-vous aider par quelqu'un.

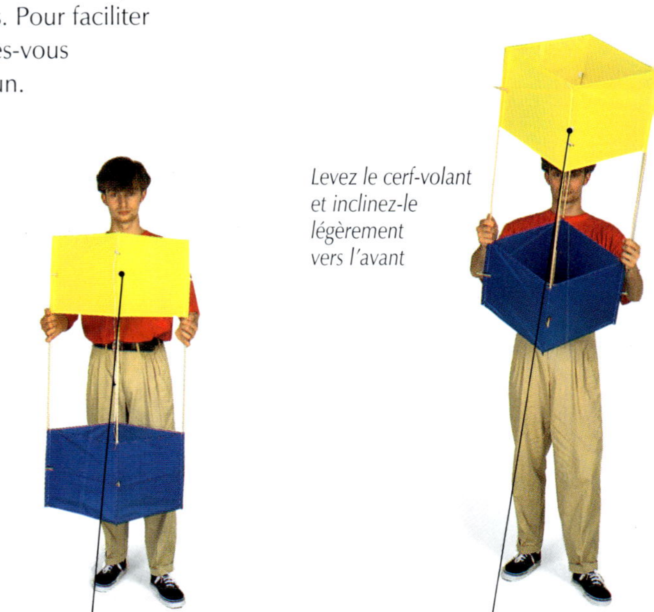

1 Tenez la poignée ou le dévidoir ; la seconde personne prend le cerf-volant et recule vent arrière ; pendant ce temps, déroulez entre 9 et 15 mètres de ligne.

2 A votre signal, votre partenaire lève le cerf-volant et le lâche doucement. Quant à vous, reculez ou reprenez de la ligne pour aider à l'ascension du cerf-volant.

Pour récupérer le cerf-volant

Que vous ayez donné peu ou beaucoup de ligne, la technique présentée ici vous permet de récupérer le cerf-volant. Avec l'expérience, vous arriverez à cueillir le cerf-volant en l'air (en réalité, il risque de tomber légèrement devant vous).

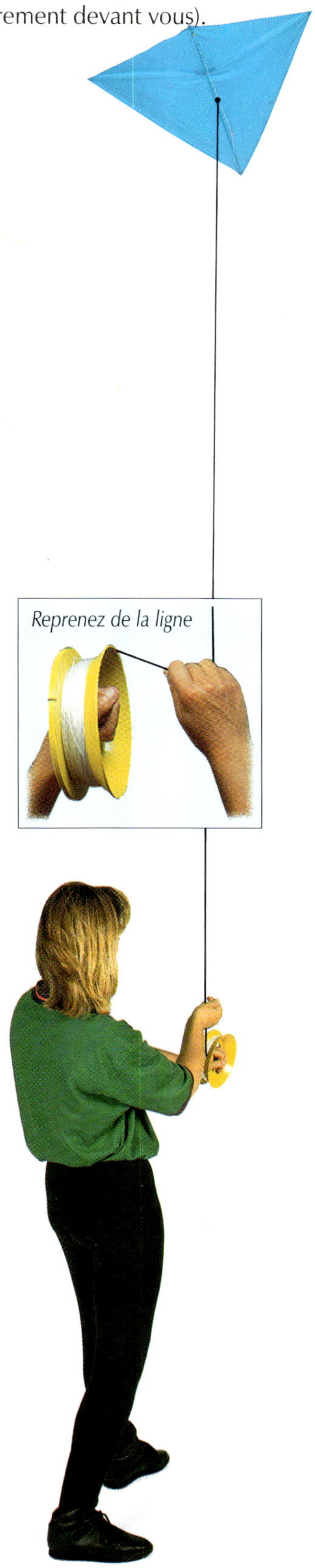

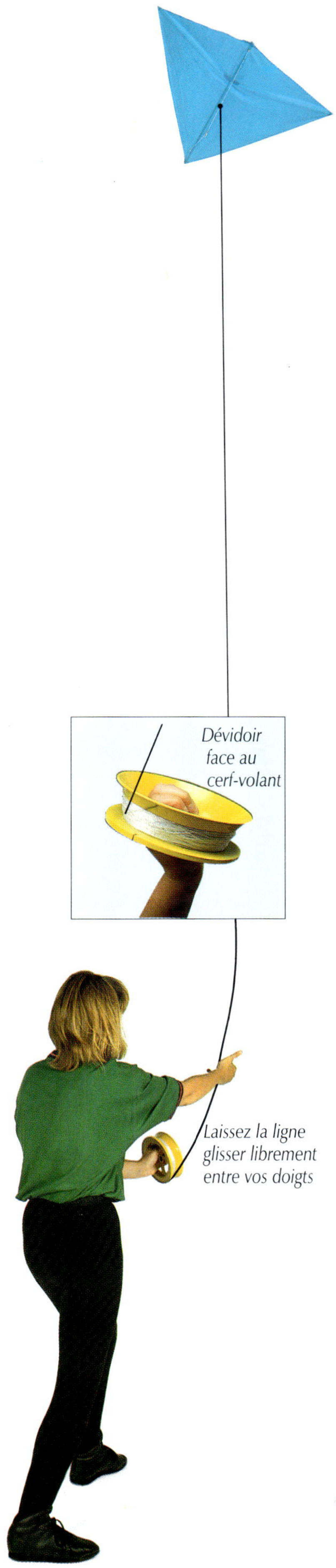

1 Pour récupérer votre cerf-volant, il vous suffit de rembobiner la ligne sur la poignée ou le dévidoir.

2 Si une turbulence éloigne brutalement le cerf-volant, donnez de la ligne pour le stabiliser, puis rembobinez à nouveau.

En cas de difficultés

Si vous trouvez trop de résistance et qu'il vous est difficile de ramener votre cerf-volant avec la méthode standard que nous vous avons présentée, essayez la technique suivante :

NOS CONSEILS

▲ Remplacez la poulie par un mousqueton résistant. Ne prenez pas la ligne avec les mains, vous risqueriez des brûlures.

▲ Si le cerf-volant perd de sa stabilité avec la force du vent, attendez qu'il reprenne de la stabilité pour le ramener.

1 Ancrez la ligne à un piquet ou à un arbre.

2 Accrochez une poulie à la ligne, tirez la poulie vers le bas et marchez vers le cerf-volant avec le vent arrière : vous arriverez ainsi à le faire descendre.

3 Une fois que le cerf-volant est à votre portée, couchez-le pour qu'il n'offre pas de prise au vent ; décrochez la poulie et dénouez la ligne, puis démontez le cerf-volant.

4 Retournez au point d'ancrage et rembobinez la ligne sur la poignée ou le dévidoir.

LES COMBATTANTS

Le combat de cerfs-volants se pratique depuis des siècles. Le jeu consiste à couper par usure due au frottement la ligne du cerf-volant de l'adversaire. Pour se défendre, il faut de l'adresse, de bons réflexes et beaucoup de concentration. Si vous êtes débutant en la matière, fixez à l'arrière de votre cerf-volant une longue queue en plastique, de façon à ralentir ses mouvements. Avec l'expérience, vous raccourcirez progressivement la queue du cerf-volant, et finalement vous arriverez à vous en passer. On utilise traditionnellement une ligne enduite de poudre de verre, mais il est préférable de s'entraîner avec une ligne standard.

POUR LANCER UN MODÈLE DE COMBAT

Vous lancerez plus facilement votre cerf-volant si vous vous faites aider. Tenez-vous toujours dos au vent.

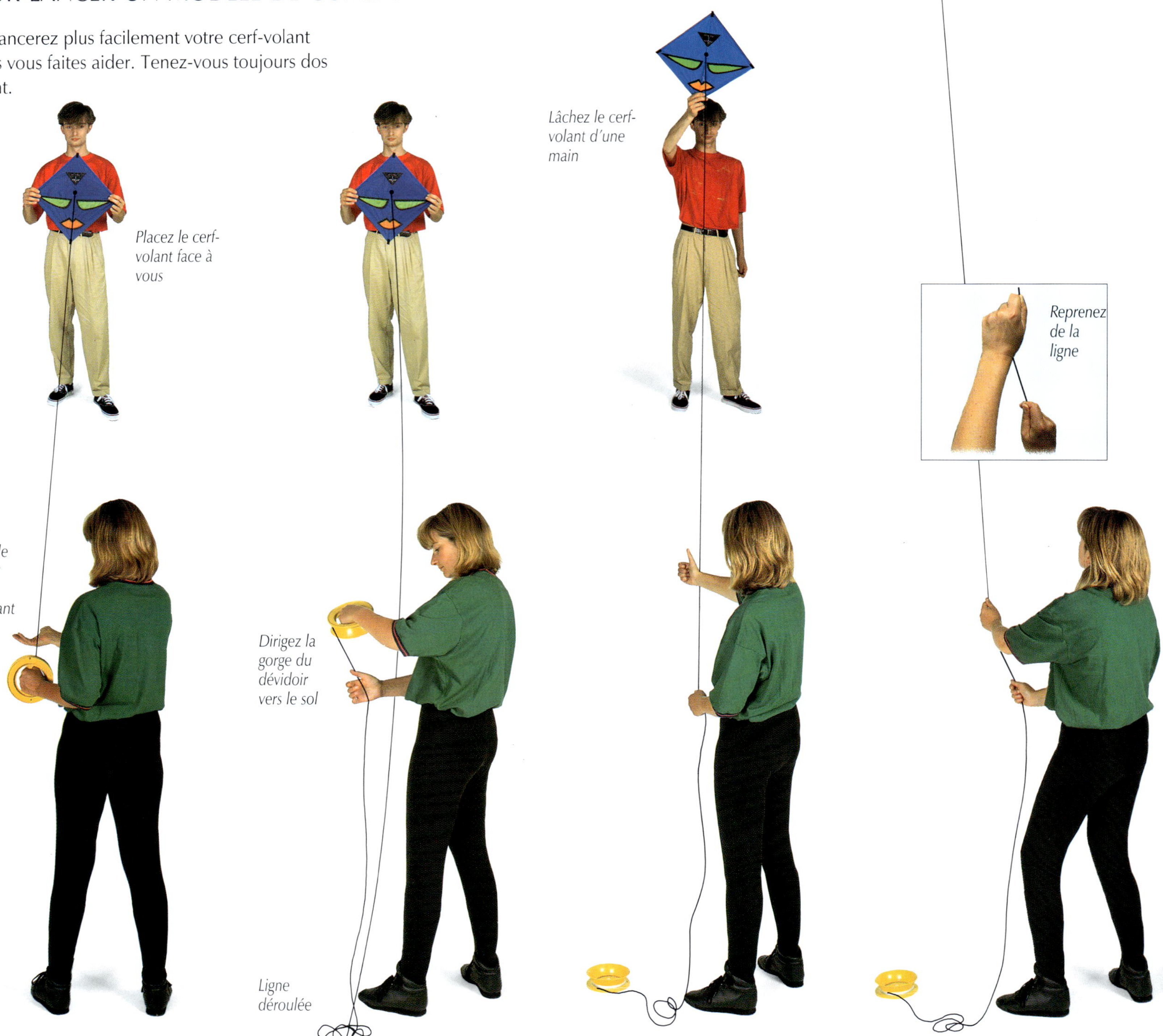

1 Tenez la poignée ou le dévidoir ; demandez à votre partenaire de prendre le cerf-volant et de reculer vent arrière ; pendant ce temps, déroulez entre 9 et 15 m de ligne.

2 Déroulez encore un peu de ligne de façon à disposer d'un petit tas à vos pieds. Posez la poignée ou le dévidoir par terre à côté de vous.

3 Tenez la ligne au-dessus du tas que vous avez constitué. A votre signal, votre partenaire lève le cerf-volant et le lâche doucement.

4 Reprenez tout doucement de la ligne pour permettre au cerf-volant de s'élever et d'échapper aux turbulences situées au sol.

POUR MANŒUVRER LE CERF-VOLANT

Plus un cerf-volant est proche de vous, plus les réflexes doivent être rapides ; il faut donc que vous arriviez à le faire monter à 60 mètres de haut. Pour y parvenir, vous devrez répéter plusieurs fois les étapes que nous vous présentons ici. Lorsque vous arriverez à atteindre cette hauteur, exercez-vous à bien maîtriser le parcours du cerf-volant.

NOS CONSEILS

▲ Si le cerf-volant penche trop longtemps d'un côté, il va perdre de la stabilité. Reprenez de la ligne sans la rembobiner.

▲ Veillez à toujours disposer au sol d'une bonne longueur de ligne, pour être prêt à tout moment à donner du mou.

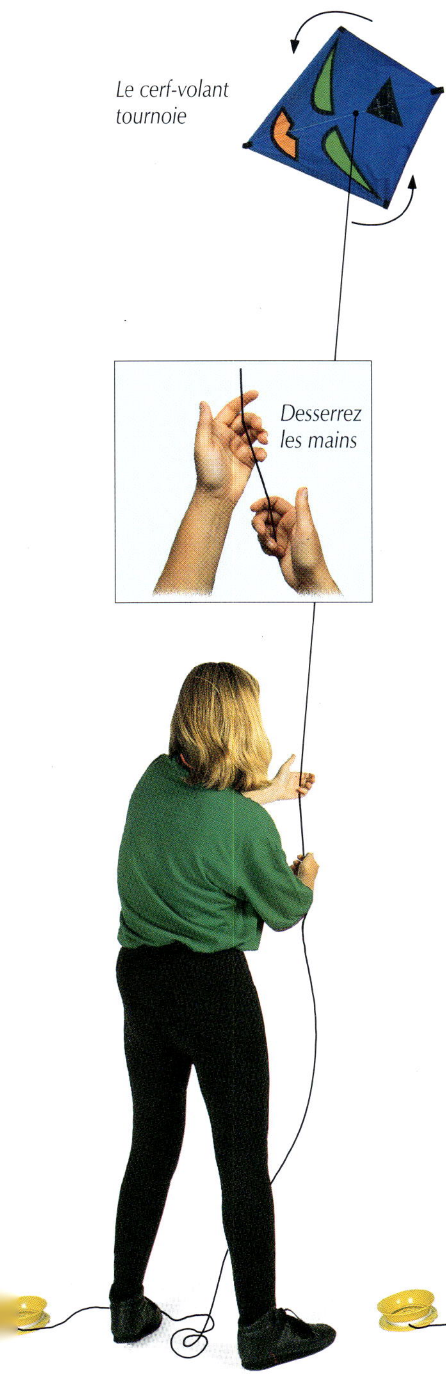

1 Laissez la ligne filer librement entre vos doigts. Le cerf-volant va alors tournoyer, puis perdre lentement de la hauteur et rendre de la ligne.

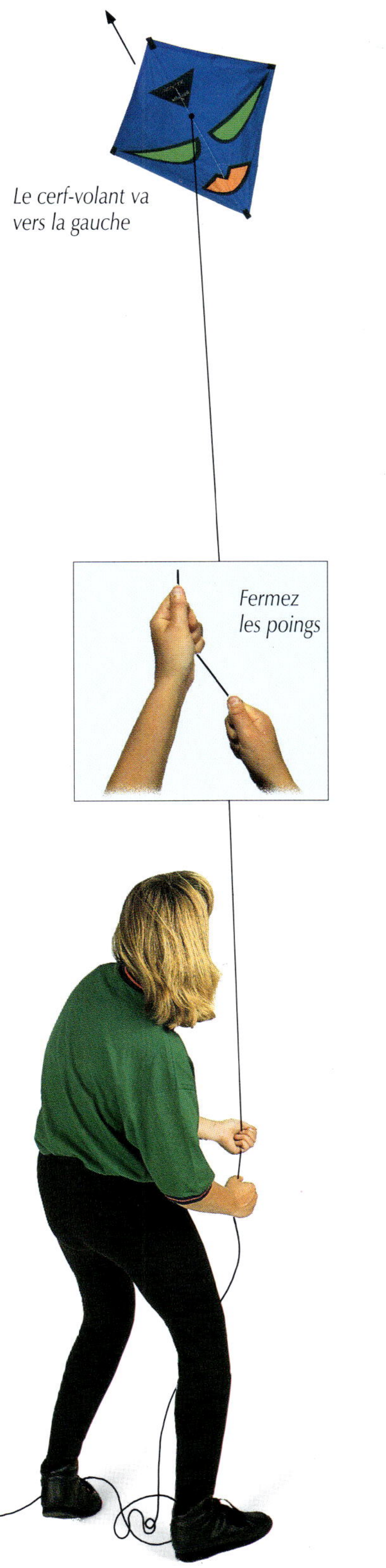

2 Lorsque le nez du cerf-volant se trouve dans la direction désirée (par exemple vers le ciel si vous voulez qu'il monte), ne donnez plus de ligne : il ira dans la bonne direction.

POUR RÉCUPÉRER VOTRE CERF-VOLANT

Il vous suffit de reprendre doucement de la ligne, en la laissant en tas près de vous.

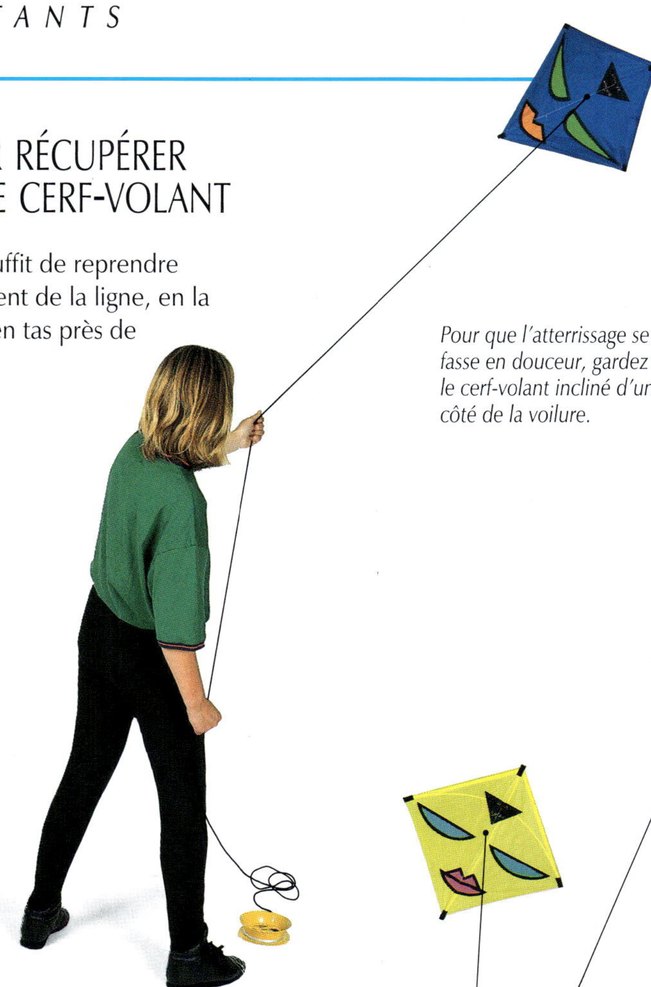

POUR ATTAQUER

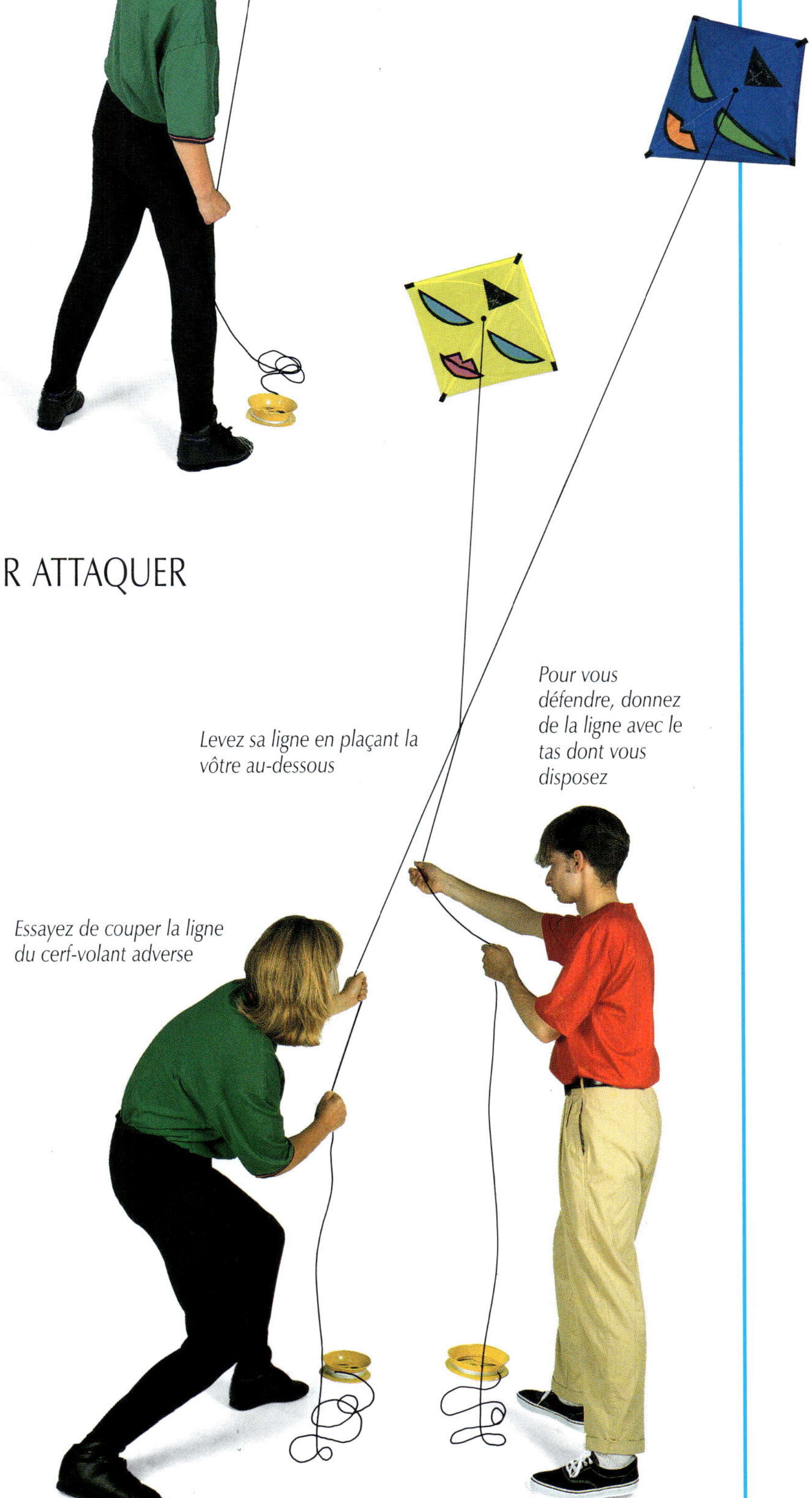

Dans un combat, le but du jeu consiste à rompre le premier la ligne de retenue de l'adversaire. Pour cela, frottez très rapidement votre ligne contre la sienne. Vous serez en position favorable si vous arrivez à lever la ligne adverse en plaçant la vôtre au-dessous. Si l'adversaire attaque, donnez de la ligne, de façon à minimiser l'effet de l'offensive.

LES CERFS-VOLANTS ACROBATIQUES

La moindre figure acrobatique est source de plaisir pour le cerf-voliste. Mais autant un modèle monofil, vous laisse libre de le contempler, autant un cerf-volant pilotable requiert une attention constante. Prévoyez au début 45 mètres par ligne de pilotage ; lorsque vous serez suffisamment exercé, vous pourrez réduire la longueur des lignes.

LE LANCEMENT SANS AIDE

Ayez toujours le vent dans le dos, et vérifiez, votre cerf-volant à plat, que les lignes sont de la même longueur et qu'elles ne se croisent pas.

NOS CONSEILS

▲ Au décollage, gardez les mains l'une près de l'autre pour bien diriger le cerf-volant vers le ciel.

▲ Si le cerf-volant vire d'un côté, tirez du côté opposé.

▲ La personne qui vous aide peut laisser le cerf-volant le long des jambes au lieu de le tenir en l'air.

Dirigez vers vous le nez du cerf-volant

1 Posez le cerf-volant par terre, intrados vers le sol, et reculez contre le vent en déroulant toute la ligne.

2 Ancrez au sol un piquet et fixez-y les poignées de façon à les retenir.

3 Revenez au cerf-volant, mettez-le en position de vol, puis inclinez-le légèrement vers l'arrière pour éviter que le vent ne le soulève.

Choisissez des poignées de couleurs différentes

Reculez

4 Retournez aux poignées. Prenez la poignée gauche dans la main gauche, la poignée droite dans la main droite. Reculez : le cerf-volant décolle.

LE LANCEMENT À DEUX

Il est parfois plus facile de lancer un cerf-volant lorsque l'on se fait aider par un partenaire : c'est le cas avec les cerfs-volants en forme de losange, comme le classique modèle Peter Powell.

Tenez le cerf-volant devant vous

Déroulez les lignes tout en tenant les deux poignées

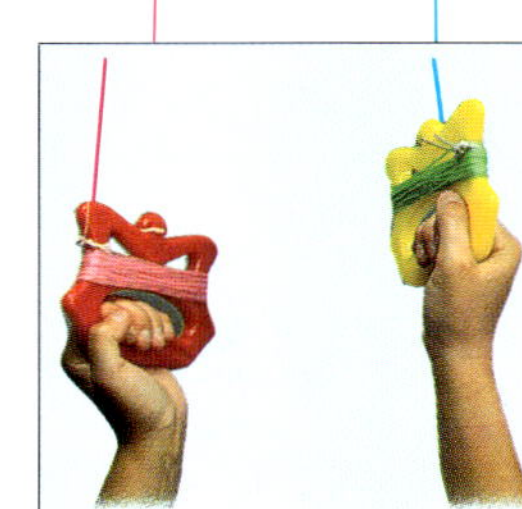

1 Prenez les poignées ; votre partenaire prend le cerf-volant et recule sous le vent, tandis que vous déroulez toute la longueur des lignes.

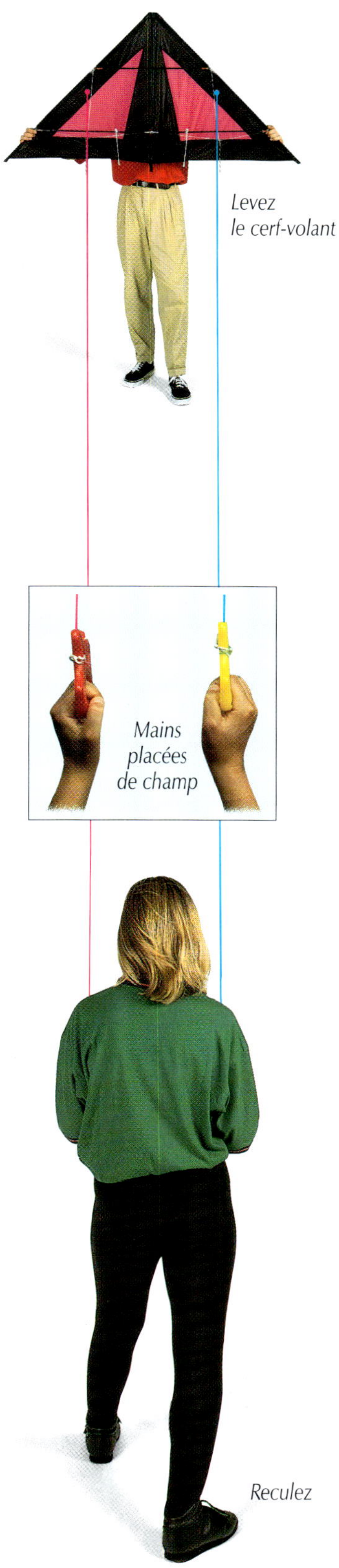

2 A votre signal, votre partenaire lève le cerf-volant et le lâche doucement. Reculez de façon à éloigner le cerf-volant de votre partenaire.

POUR DIRIGER VOTRE CERF-VOLANT

Si vous débutez en acrobatie, faites monter le cerf-volant le plus haut possible, pour éviter qu'il ne s'écrase au sol. Exercez-vous aux figures de base afin de bien connaître le comportement de votre cerf-volant. Rappelez-vous que la direction que prend le cerf-volant dépend de sa position dans le ciel : si vous tirez la ligne de droite, il n'ira pas obligatoirement vers la droite.

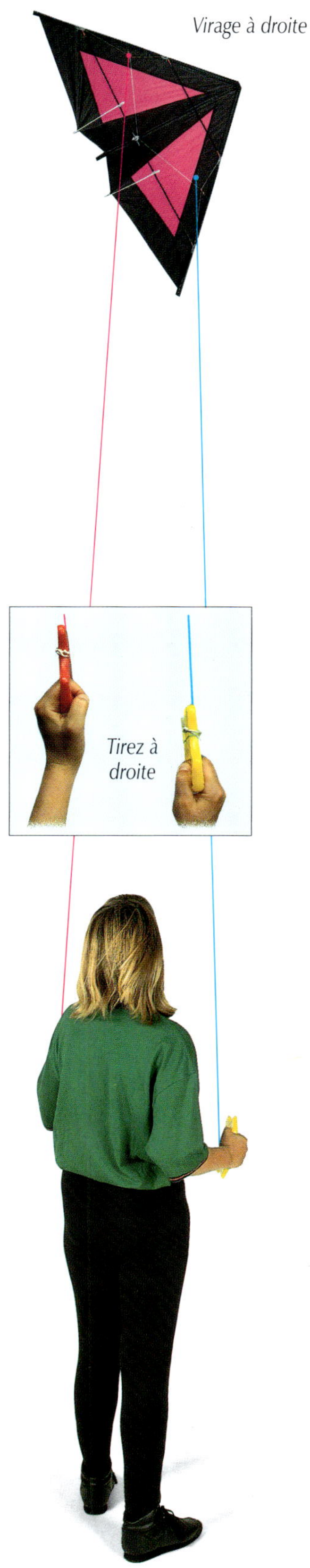

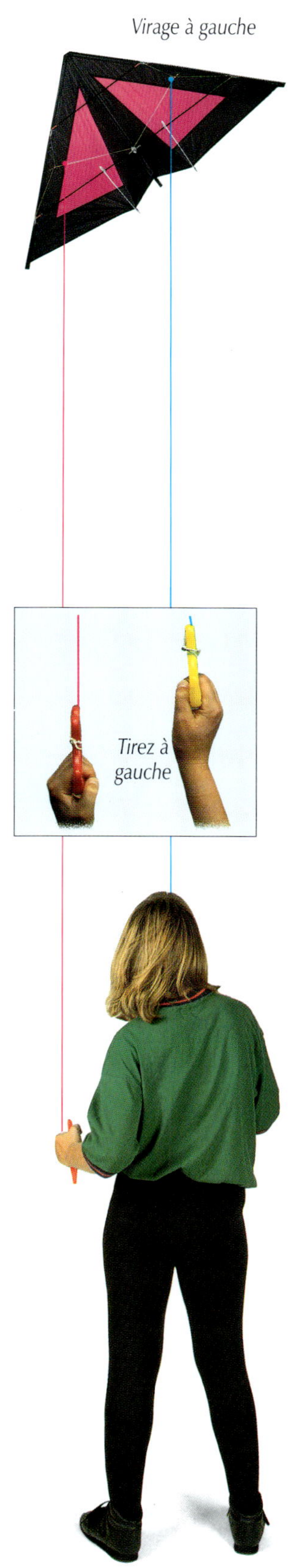

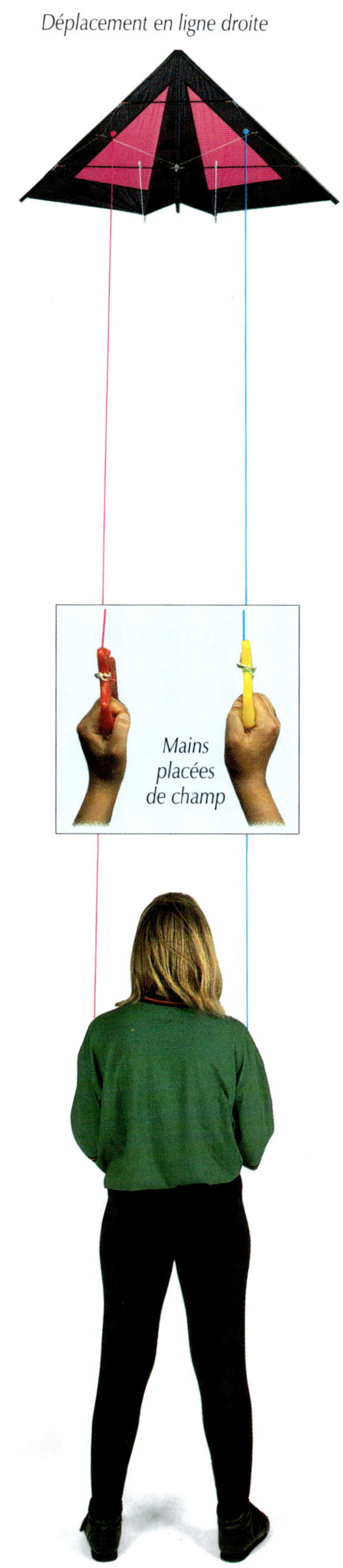

Pour tourner à droite
Tirez doucement la main droite vers l'arrière : le cerf-volant virera à droite par rapport à sa position initiale.

Pour tourner à gauche
Tirez doucement la main gauche vers l'arrière : le cerf-volant virera à gauche par rapport à sa position initiale.

Pour garder la trajectoire
Gardez les deux mains de champ, le cerf-volant continuera tout droit.

LOOPING SIMPLE

Le looping est la figure de base qui vous permettra d'apprendre à contrôler votre cerf-volant. Au début, gardez les mains l'une près de l'autre de sorte que la boucle soit bien large ; ensuite, vous pourrez écarter vos mains l'une de l'autre de façon à obtenir des boucles plus petites. Si vous faites une série de loopings dans un sens, faites ensuite le même exercice dans l'autre sens de façon à dévriller les lignes.

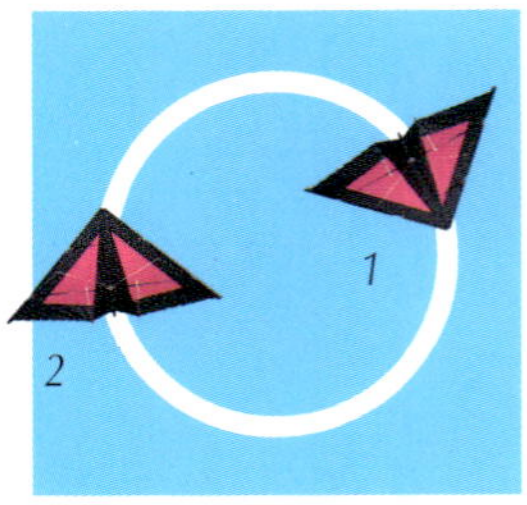

Schéma d'un looping

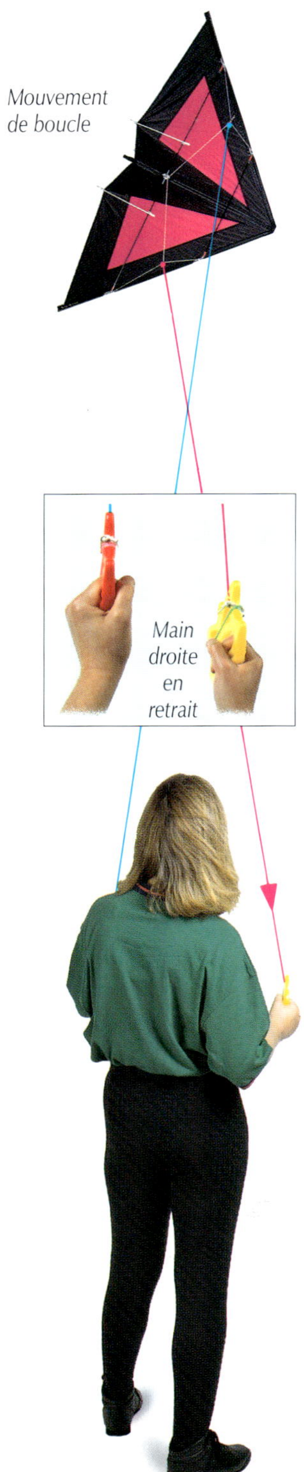

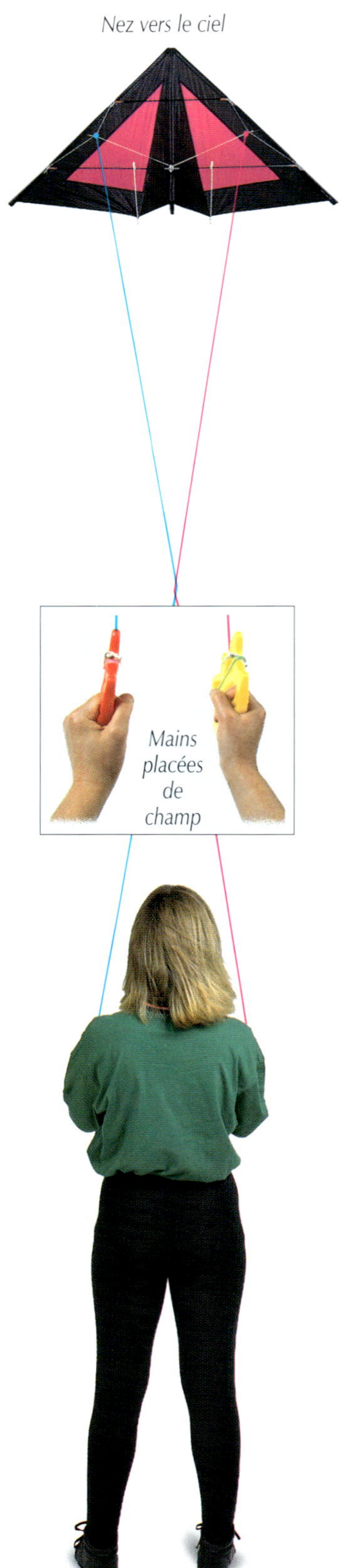

1 Ramenez doucement la main droite vers l'arrière, gardez cette position de retrait pour faire faire un looping au cerf-volant.

2 Lorsque le nez du cerf-volant est dirigé vers le ciel, placez vos mains de champ. Laissez filer le cerf-volant le plus haut possible.

"INFINITÉ"

Cette simple figure de 8 horizontal constitue la suite logique du looping. Pratiquez-la de nombreuses fois pour vous perfectionner, en ayant pour objectif de conserver le point de croisement directement sous votre vent à chaque fois.

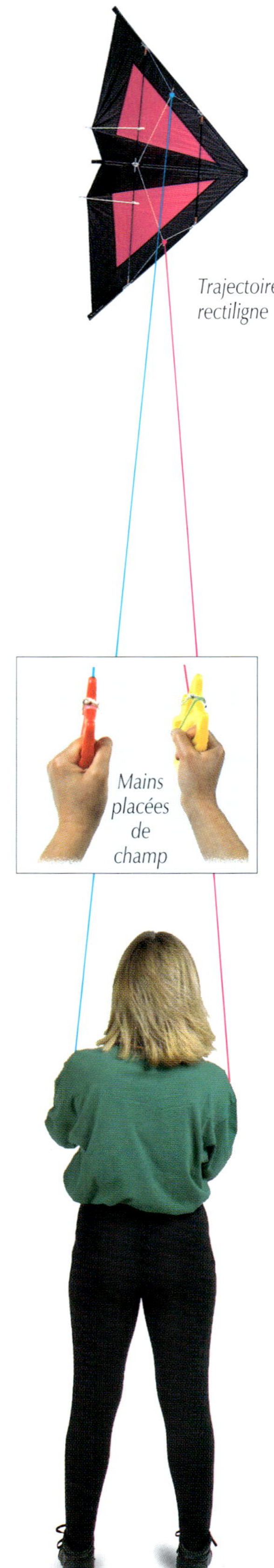

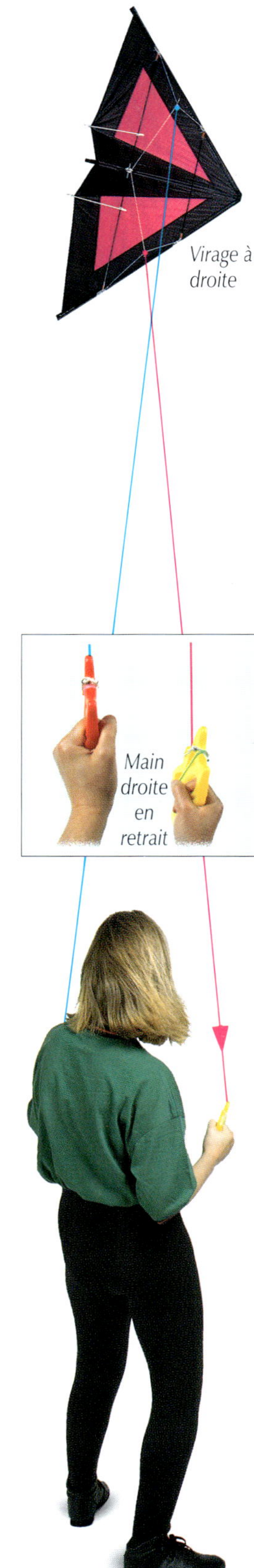

1 Gardez les deux mains de champ, de façon que le cerf-volant suive une trajectoire rectiligne.

2 Ramenez doucement votre main droite en retrait, pour faire virer le cerf-volant à droite.

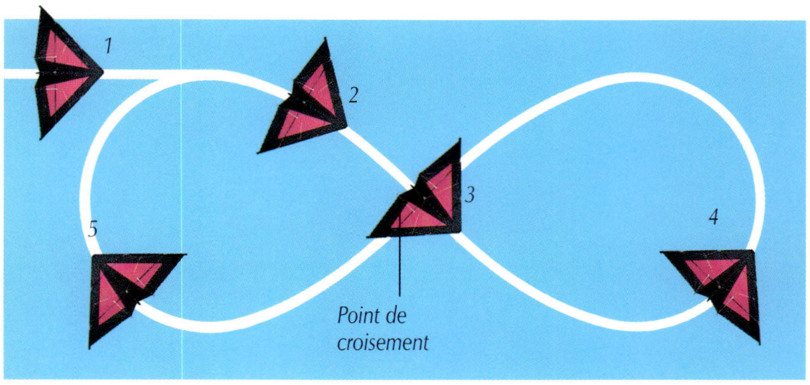

Schéma de la figure "infinité"

NOS CONSEILS

▲ Veillez à ce que vos mains soient placées bien symétriquement, pour que les deux parties du 8 soient de dimensions égales.

▲ Faites des mouvements doux, pour obtenir des courbes bien tracées.

3 Avancez la main droite de façon à la replacer de champ avec l'autre. Le cerf-volant va passer le point de croisement.

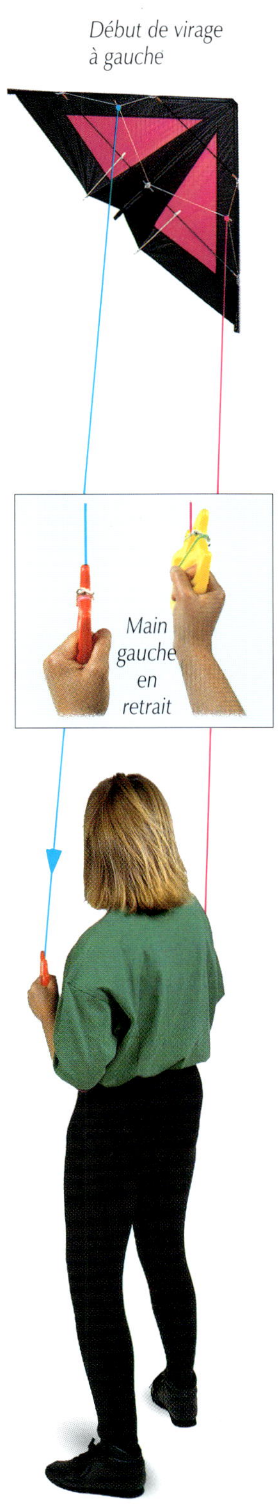

4 Placez la main gauche en retrait pour virer à gauche, puis les mains de champ : le cerf-volant repasse par le point de croisement.

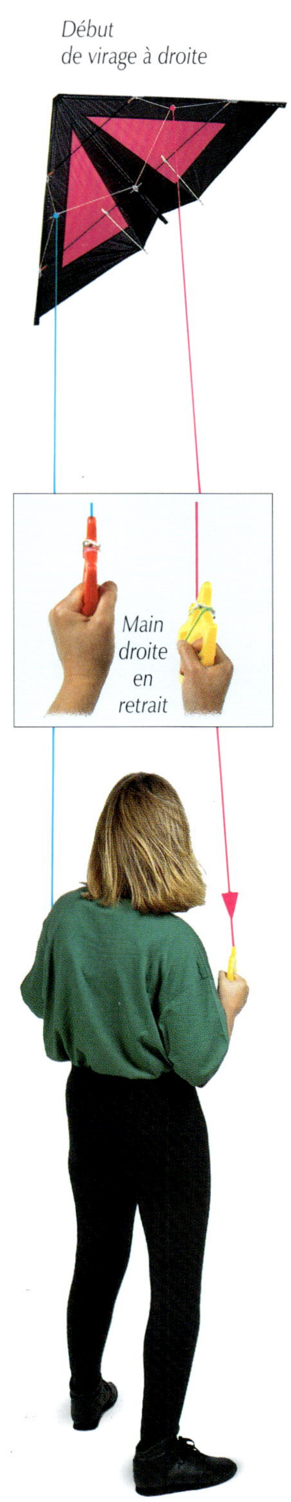

5 Ramenez doucement la main droite en retrait, refaites la figure complète à droite en vous reportant aux étapes 2 à 4.

L'ATTERRISSAGE FACILE

Si vous êtes débutant, voici une technique simple et sûre pour faire atterrir votre cerf-volant.

1 Une main au-dessus de l'autre, pilotez parallèlement au sol aussi loin que possible.

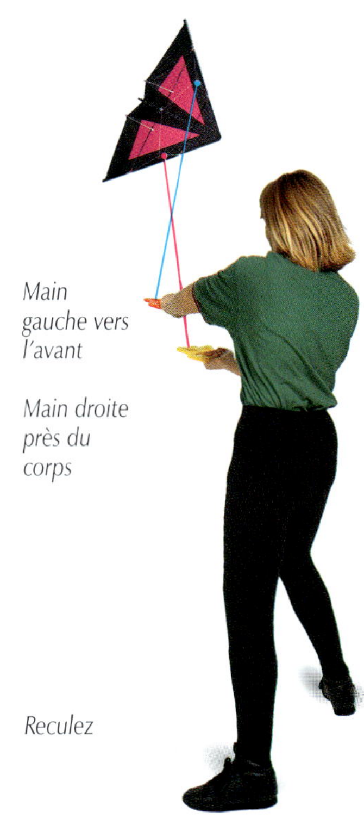

2 Lorsque le cerf-volant atteint cette limite, avancez la main gauche et reculez : le cerf-volant descendra doucement.

Piqué (ou power dive)

Il s'agit d'une figure de difficulté moyenne qui vous apprendra à faire faire au cerf-volant des virages courts et à contrôler sa vitesse d'évolution. Au début, faites voler le cerf-volant tout droit, bien haut et parallèlement au sol.

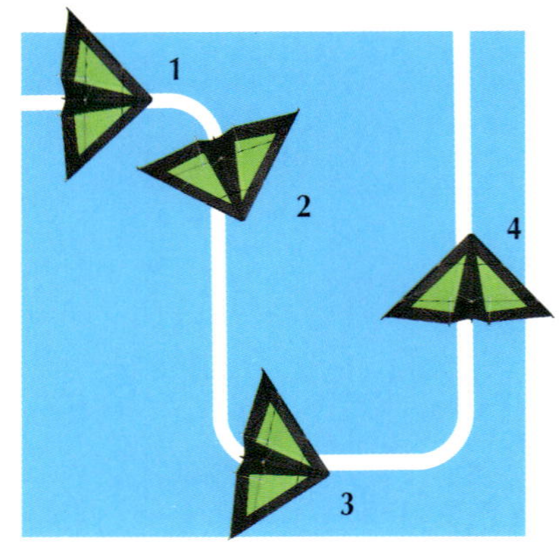

Schéma d'un piqué

Atterrissage provisoire

Il s'agit d'une variante du piqué, qui vous apprendra à faire atterrir le cerf-volant sur sa base de façon à le faire repartir tout de suite. Faites les trois premières étapes du piqué et, dès que le nez du cerf-volant est dirigé vers le haut, faites un grand pas en avant pour ramener le cerf-volant à la verticale.

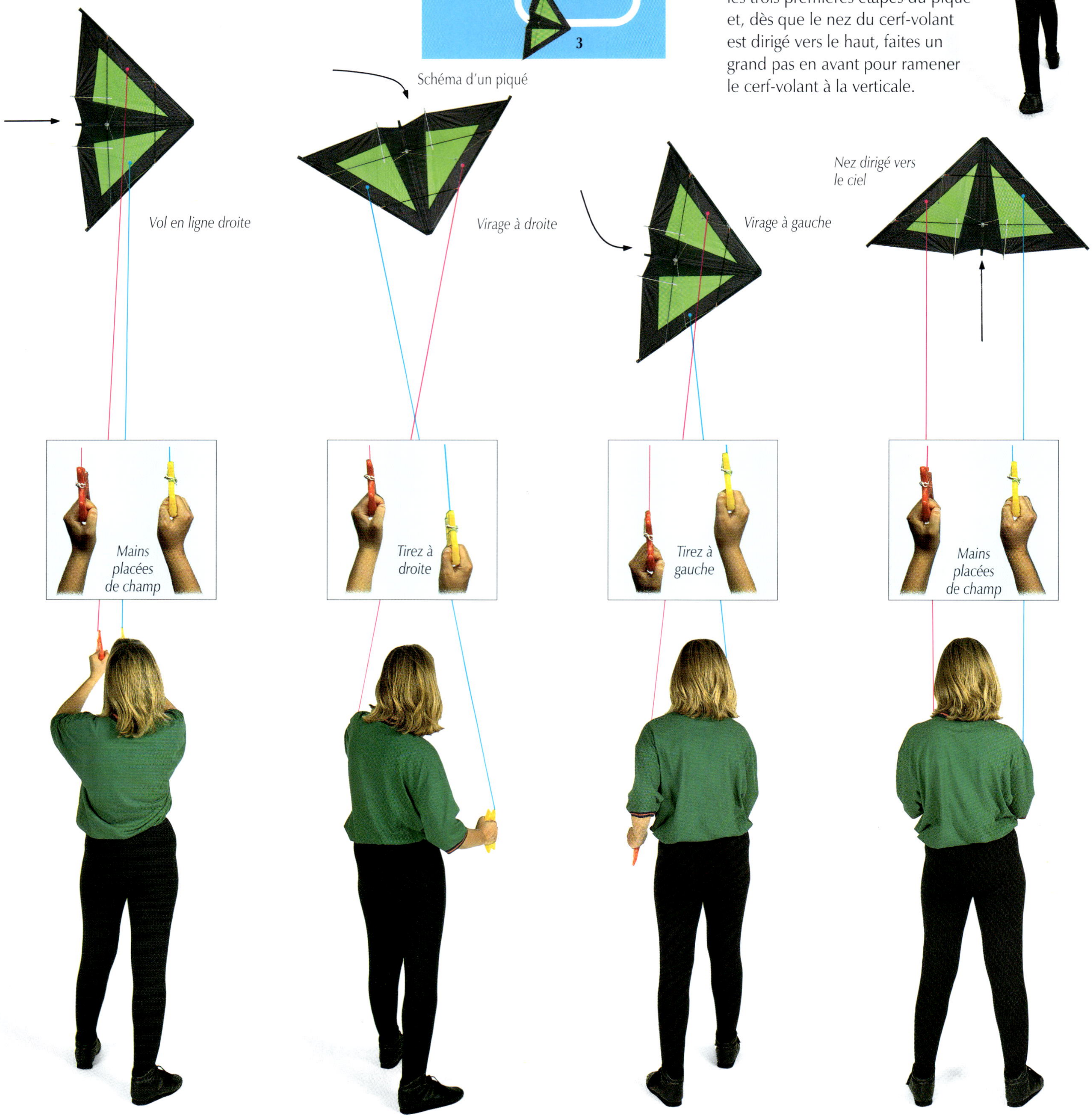

1 Gardez les mains l'une à côté de l'autre et dirigez le cerf-volant afin qu'il vole parallèlement au sol.

2 Tirez brusquement la main droite vers l'arrière pour que le cerf-volant vire court à droite. Puis, replacez les mains de champ : le cerf-volant va piquer vers le sol.

3 Lorsque le cerf-volant arrive tout près du sol, tirez brusquement la main gauche vers l'arrière : le cerf-volant va tourner vers votre droite.

4 Dès que le nez est pointé à la verticale, replacez les mains de champ : le cerf-volant va commencer à monter.

Carré

Vous pouvez pratiquer le piqué sous une autre forme qui est le carré. La figure commence comme le piqué. Faites des virages à 90° et dirigez droit le cerf-volant en tenant les mains de champ. Pendant toute la figure, la vitesse du cerf-volant doit être régulière.

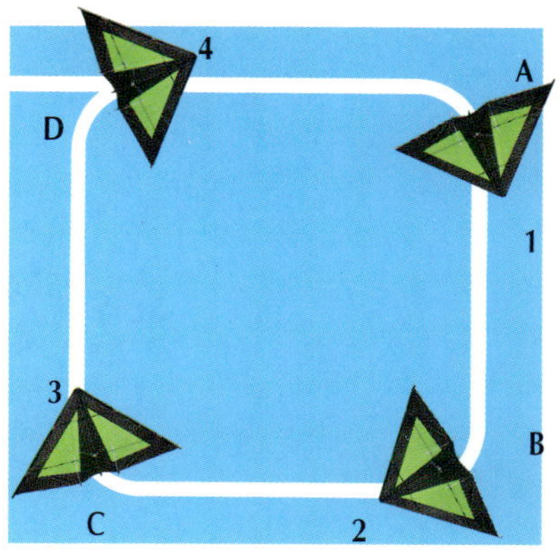

Schéma d'un carré

NOS CONSEILS

▲ Au début, ne faites pas approcher votre cerf-volant trop près du sol.

▲ Plus le cerf-volant approche du sol, plus sa vitesse augmente. Pour réduire sa vitesse, avancez.

▲ Le cerf-volant monte lentement car vous avez contrarié sa direction. Pour augmenter sa vitesse, reculez.

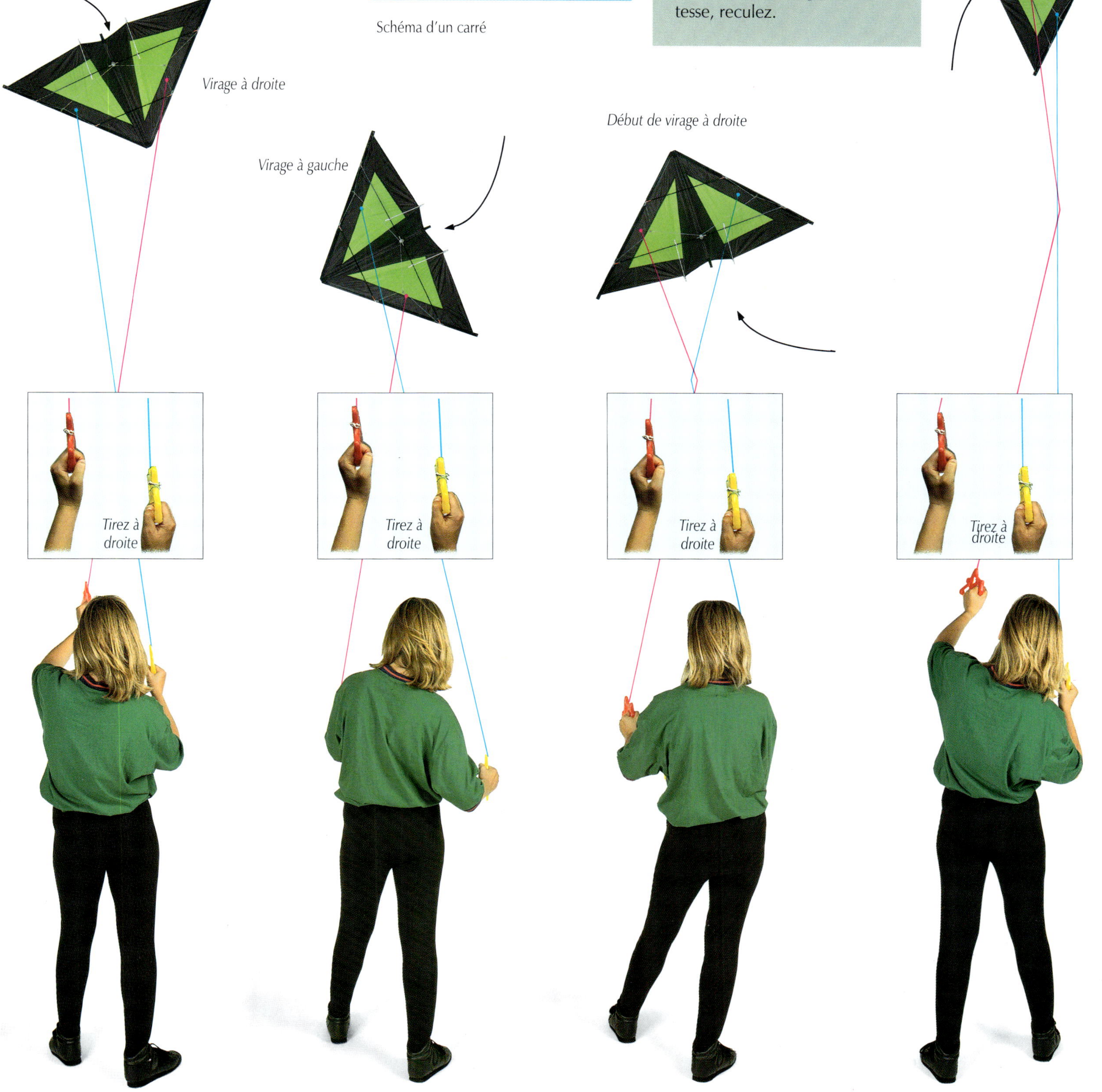

1 Dirigez le cerf-volant parallèlement au sol. En A, tirez brusquement la main droite vers l'arrière : le cerf-volant vire à droite. Replacez les mains de champ pour que le cerf-volant vole droit.

2 En B, tirez brusquement la main droite vers l'arrière : le cerf-volant vire à votre gauche. Replacez les mains de champ pour faire voler le cerf-volant à l'horizontale.

3 En C, tirez brusquement la main droite pour réaliser le troisième virage du carré. Replacez les mains de champ pour faire monter le cerf-volant à la verticale.

4 Au point D, tirez brusquement encore une fois ; replacez les mains de champ pour que le cerf-volant avance en ligne droite et parallèlement au sol.

Gütermann vgs 547 yds
100% Polyester
W-Germany
Gütermann 1000 m
110yds

FABRIQUEZ VOTRE CERF-VOLANT

Débutez avec un cerf-volant-luge ou un modèle della Porta ; vous passerez ensuite à des modèles plus sophistiqués. Vous trouverez aussi dans ce chapitre le descriptif illustré des matériaux à utiliser et des conseils pratiques.

MATÉRIAUX ET ACCESSOIRES

La plupart des matériaux mentionnés ici sont disponibles dans les magasins spécialisés ou sont vendus par correspondance. Le choix des matériaux dépend du type de cerf-volant que vous voulez réaliser. Par exemple, le jonc en fibre de verre est idéal pour cintrer un cerf-volant de combat ; à l'inverse, on choisira du ramin pour assurer la rigidité d'un cerf-volant à caissons. En ce qui concerne les outils, vous pouvez vous contenter de ceux qu'on trouve dans toutes les boîtes à outils du bricoleur ; sachez cependant que certains outils sont plus spécifiques.

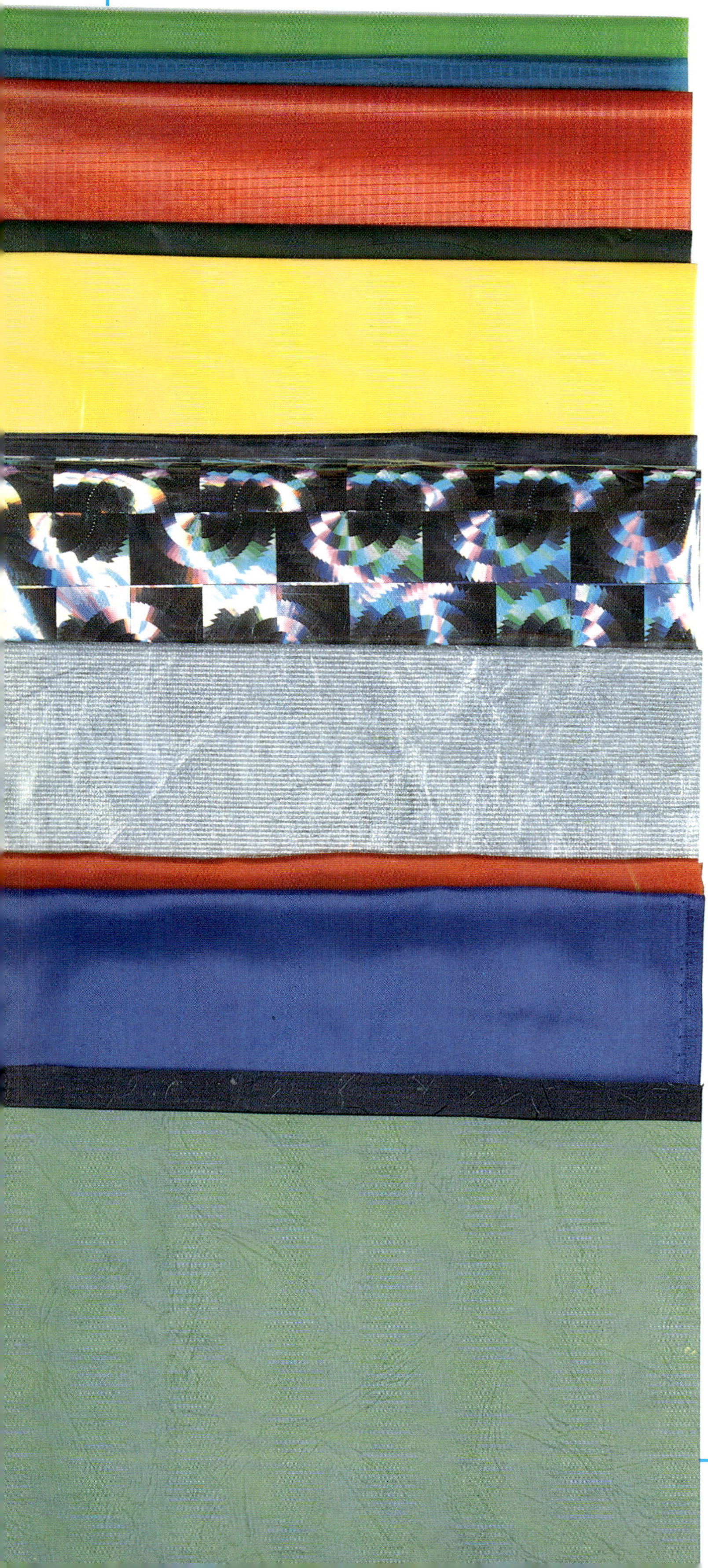

MATÉRIAUX ET FILS

Toile de spi
Toile de nylon légère et robuste, indémaillable ; c'est le matériau idéal, disponible dans de très nombreux coloris.

Plastique
Matériau de bonne qualité et bon marché, qui convient aux cerfs-volants les plus simples.

Mylar
Film léger, robuste, moins élastique que le plastique ; idéal pour les cerfs-volants les plus simples.

Tyvek
Matériau synthétique indéchirable, fabriqué selon le procédé du papier ; parfois difficile à se procurer.

Soie
Utilisé depuis toujours pour faire les beaux cerfs-volants, c'est un tissu léger et élégant, mais coûteux et difficile à travailler.

Papier
Comprend de très nombreuses variétés ; offre beaucoup de possibilités décoratives, mais fragile.

Fil
Choisissez du fil de polyester, imputrescible, plutôt que du coton.

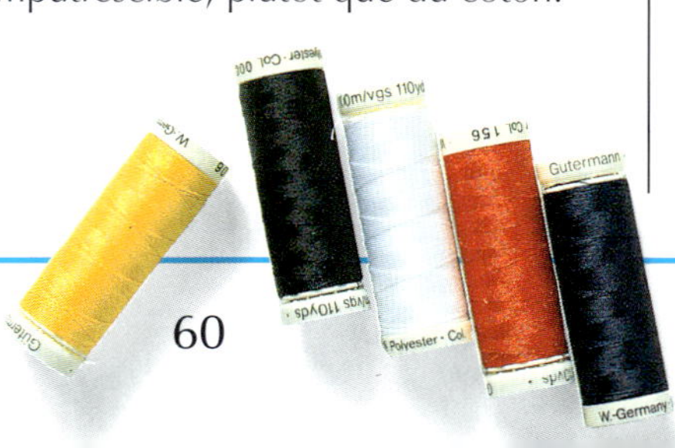

BANDES

Spi autocollant
Nylon adhésif ; utile pour décorer, réparer ou renforcer les points de faiblesse.

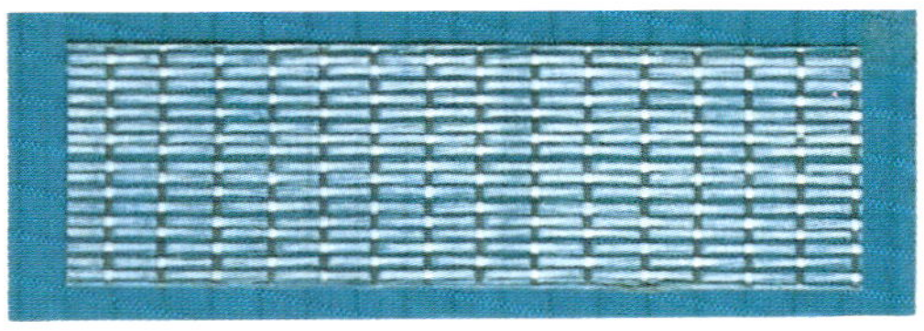

Scotch armé
Bande comportant de la fibre de verre ; sert à maintenir en place les baguettes sur les cerfs-volants les plus simples, et à renforcer les raccords sur les modèles acrobatiques.

Toile de sangle
Permet de renforcer le nez des modèles acrobatiques, et toutes les parties très sollicitées sur un cerf-volant de grande taille.

Dacron
Se coud sur les grands modèles acrobatiques pour gainer les baguettes de bords d'attaque ; résiste mieux à l'abrasion que la toile de spi.

Adhésif double face
Utile pour réparer et renforcer.

Ruban adhésif
Utile pour confectionner les cerfs-volants les plus simples : permet de coller les baguettes et de renforcer les points de bride.

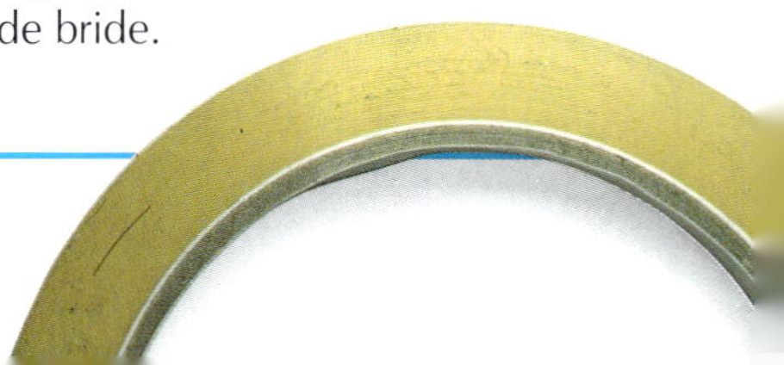

LIGNES ET FILS

Lignes en nylon/polyester

Faciles à trouver et bon marché ; se trouvent dans des grains et des tresses différents.

Les cordages tressés fins sont idéaux pour les petits modèles

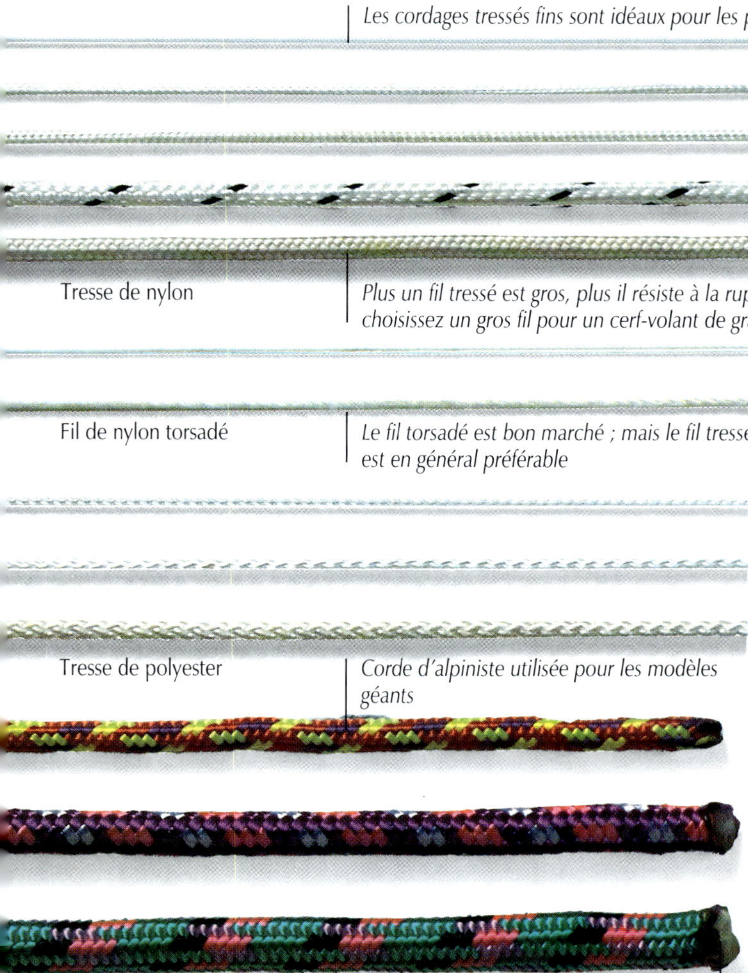

25 kg
50 kg
90 kg
270 kg
295 kg

Tresse de nylon

Plus un fil tressé est gros, plus il résiste à la rupture ; choisissez un gros fil pour un cerf-volant de grande taille.

25 kg
32 kg

Fil de nylon torsadé

Le fil torsadé est bon marché ; mais le fil tressé est en général préférable

50 kg
90 kg
160 kg

Tresse de polyester

Corde d'alpiniste utilisée pour les modèles géants

700 kg
900 kg
1 200 kg

Corde d'alpiniste

Fil torsadé gainé d'une tresse

Spectra

Tresse formée d'un millier de brins très fins de polythène, beaucoup plus fine et moins élastique que le fil de nylon/polyester. Matériau idéal pour les modèles acrobatiques, qui demandent une réponse très rapide. Protection indispensable par un gainage.

Vert ou rose : une note de couleur, et un grain plus gros qu'en blanc.

Spectra de couleur blanche, à grain fin : moins de frottements quand les lignes se croisent pendant une acrobatie.

Gaine (ou sleeve)

Fil de nylon/polyester évidé, dans lequel on passe le fil de spectra avec une aiguille spéciale afin de le protéger.

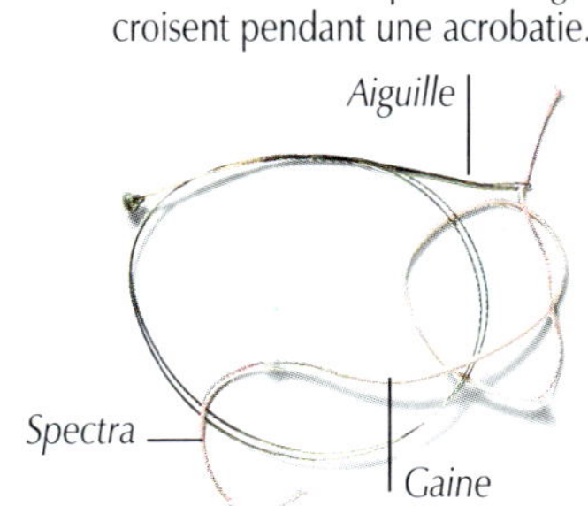

Fil naturel

Moins résistant que le fil synthétique, et plus lourd à point de rupture égal.

ARMATURES ET STRUCTURES

Fibre de verre

Disponible sous forme de jonc ou de tube. Le jonc convient aux cerfs-volants qui doivent avoir de la souplesse, tels les combattants.

1,5 mm
2 mm
3 mm
4 mm
5 mm

Jonc en fibre de verre

6 mm
8 mm
12 mm
22 mm

Tube en fibre de verre (paroi mince) | *Plus léger et plus rigide*

6,35 mm
8 mm
12 mm

Tube en fibre de verre (paroi épaisse) | *Résiste mieux à la rupture*

Fibre de carbone

Matériau rigide et léger, résiste longtemps à l'effort ; très utilisé pour les modèles des dernières générations.

5,5 mm
8 mm

Ramin

Matériau facile à trouver, léger et peu coûteux ; l'un des meilleurs matériaux d'armature. Peut être remplacé par un autre bois dur.

3 mm
4 mm
6 mm
8 mm
12 mm
15 mm

Bambou

Matériau traditionnel, comme la soie ; disponible sous forme simple, ou refendu.

Bambou refendu

Anneaux et émerillons

Anneaux ronds soudés

Anneaux en D

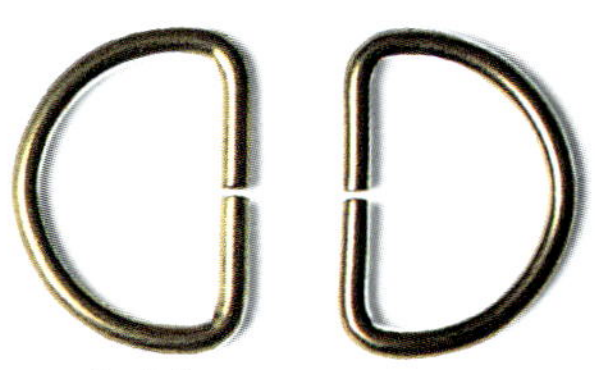

Anneaux à clefs

Anneaux et boucles en aluminium
Les anneaux ronds s'attachent à la bride et à la ligne. Les anneaux en D se cousent avec des pattes. Les anneaux à clefs servent pour certains cerfs-volants cellulaires.

Agrafe à laquelle s'adapte un anneau

Partie de l'émerillon à laquelle s'attache la ligne

Emérillons standard avec agrafes, pour les queues et les modèles moyens.

Emérillon de pêche en haute mer, pour les modèles grands et les queues en cône.

Emérillon de pêche grand modèle

Emérillons
Pièce permettant d'attacher la ligne ou la queue ; le système de bague permet à la pièce de tourner sans que la ligne ne se vrille.

Raccords

Tubes
Permettent de raccorder les baguettes en ligne ; généralement en aluminium.

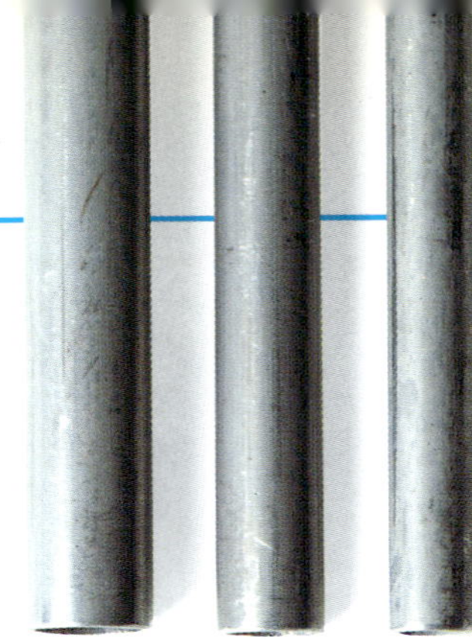

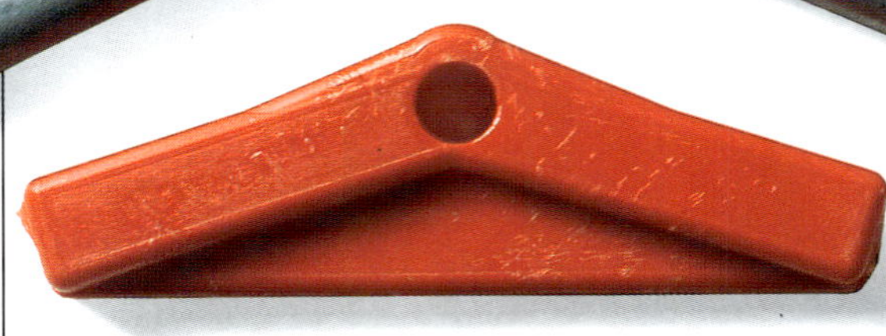

Les baguettes transversales s'emboîtent à chaque extrémité

Dièdres
Pièces en V permettant aux baguettes de former un angle.

Tubes de plastique
Pour raccorder les baguettes transversales aux baguettes de bord d'attaque sur un modèle acrobatique (voir p. 65).

Autres accessoires

Tendeurs en aluminium
Permettent de cintrer une baguette transversale. Coulissent sur la ligne, ce qui permet d'ajuster le cintrage.

Billes fluorescentes pour les vols de nuit.

Billes
Enfilées sur une ligne reliée à une patte renforçant la voile, ces petites billes de plastique permettent d'ajuster la tension sur les modèles cellulaires. Plus on met de billes au-delà de l'encoche de la baguette, plus la tension est grande.

Capuchons de caoutchouc
Ils s'adaptent aux extrémités de certaines baguettes et évitent ainsi le frottement sur les poches.

Capuchons à gorge
S'emboîtent dans une baguette et sont prévus pour le passage de lignes.

MARQUER ET MESURER

Craie de tailleur
Permet de tracer les traits de coupe sur la toile à découper.

Stylo feutre
Peut remplacer la craie de tailleur ; utilisez un stylo à pointe fine.

Patron en carton pour la fabrication d'une luge

Patron
Généralement en carton ; permet de gagner du temps pour la fabrication de plusieurs cerfs-volants d'affilée, ou pour découper des évents dans la toile.

Règle/Equerre
Permet de transcrire sur la toile les instructions de coupe : n'oubliez pas que la fabrication d'un cerf-volant demande de la précision.

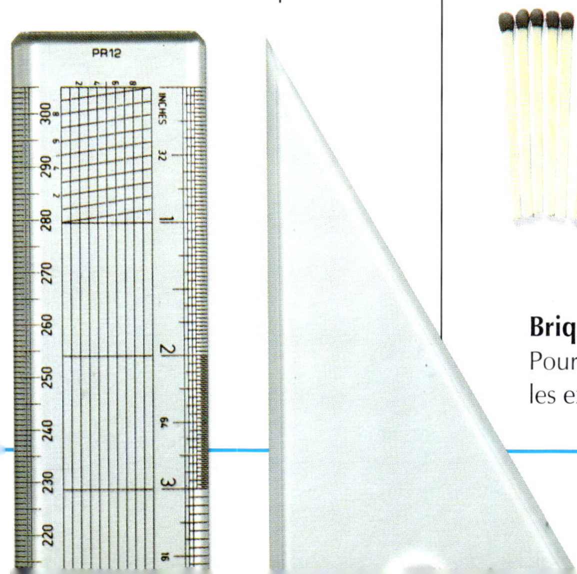

COUPER

Ciseaux
Réservez à l'usage du spi une paire de ciseaux bien affûtés pour couper la toile.

Fer à souder
Permet de sceller les bords de coupe et d'éviter qu'ils ne s'effilochent. Pour gagner du temps, prenez un modèle 30-40 W. Le fer à souder peut également servir pour sceller les extrémités des lignes.

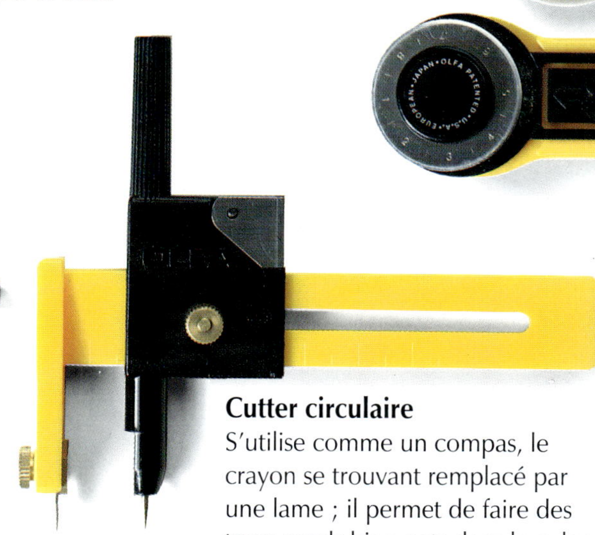

Cutter à roulette
Cutter comportant une lame circulaire très fine, permettant de couper le nylon. A utiliser avec un patron, de préférence.

Cutter circulaire
S'utilise comme un compas, le crayon se trouvant remplacé par une lame ; il permet de faire des trous ronds bien nets dans le nylon ou le plastique.

Cutter simple
Employé principalement pour couper le plastique, le mylar, le papier. A éviter pour le nylon, qu'il risque d'endommager.

AUTRES OUTILS

Scie à métaux
S'utilise pour couper le ramin et pratiquer des encoches dans les baguettes.

Lime à bois
Permet d'arrondir les extrémités des baguettes.

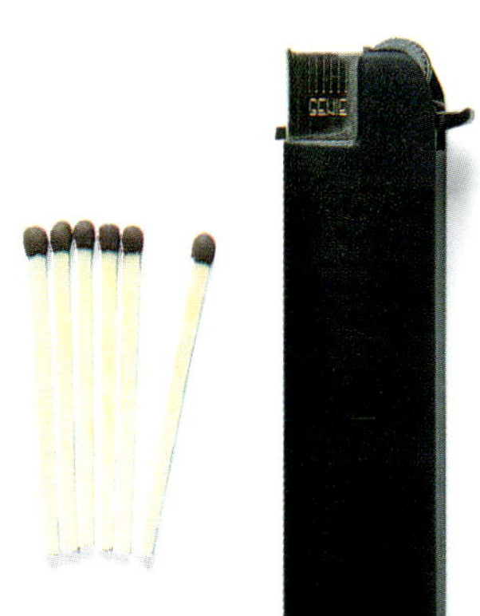

Briquet ou allumettes
Pour sceller à chaud les extrémités des fils.

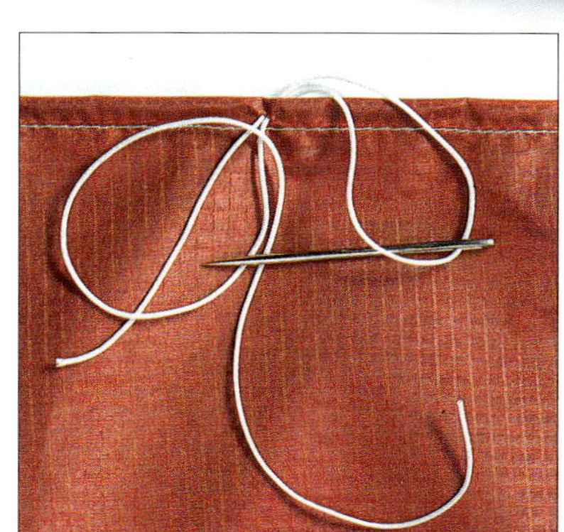

Aiguilles à grand chas
Pour passer une ligne à travers les pattes et la voilure.

TECHNIQUES
Voir p. 64-65

Coupe

Scellement à chaud

Préparation du ramin

QUELQUES CONSEILS PRATIQUES

Voici une liste des gestes à effectuer pour obtenir des résultats dignes d'un professionnel : fixation des baguettes à la voilure, attache d'une bride, préparation du ramin, scellement à chaud des fils, coupe de la toile. Les poches, les pattes et les pièces de renfort se confectionnent avec des chutes de toile ; effectuez simultanément la couture de plusieurs pièces pour gagner du temps. Sur les cerfs-volants de grande taille, renforcez les zones situées autour des poches et des pattes avec des épaisseurs supplémentaires de toile de spi

POUR FAIRE UNE POCHE

La poche est une petite enveloppe qui se coud à un angle de la voilure et qui maintient en place l'extrémité d'une baguette.

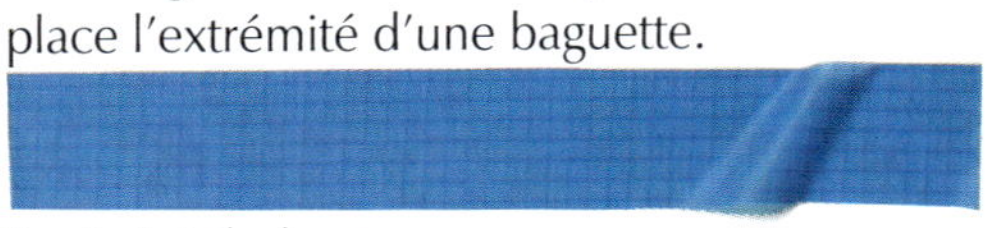

Bande de toile de spi

Bande repliée

1 Découpez une bande de toile de spi de 18 cm sur 2,5 cm. Pliez deux fois en deux cette bande dans le sens de la longueur.

2 Epinglez la bande ainsi repliée à 45° d'un coin du cerf-volant, en en recouvrant la toile du cerf-volant d'environ la moitié de la longueur de la bande. Cousez la bande en diagonale au niveau du coin de la toile.

La poche doit légèrement dépasser du bord du cerf-volant.

3 Repliez la bande dans la longueur pour former une poche. Cousez les côtés de la poche.

POUR FAIRE DES PATTES

Les pattes sont de petites bandes de toile repliées en deux et cousues à la voilure de façon à protéger la ligne.

1 Découpez une bande de toile de spi de 2,5 cm de large ; prévoyez par patte 5 cm en plus de la longueur définitive.

Pattes terminées

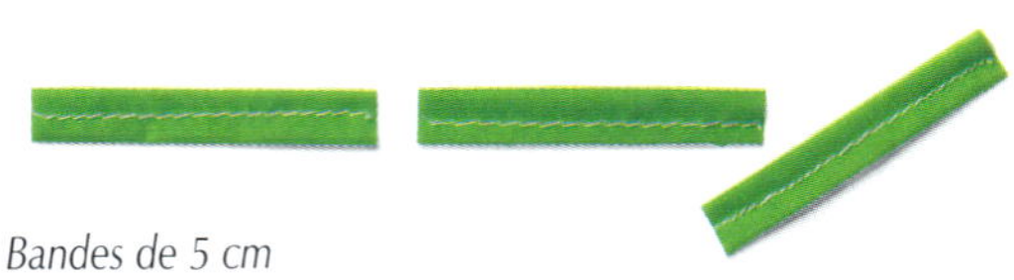

Bandes de 5 cm

2 Repliez la bande sur chaque bord en longueur, de façon qu'elle soit trois fois moins large. Faites une couture au milieu, puis découpez des bandes de 5 cm de long.

POUR FAIRE DES RENFORTS

Les pièces de renfort évitent que la toile ne se déforme lorsque vous passez une baguette dans un trou. Posez le renfort avant de pratiquer l'ouverture dans la toile.

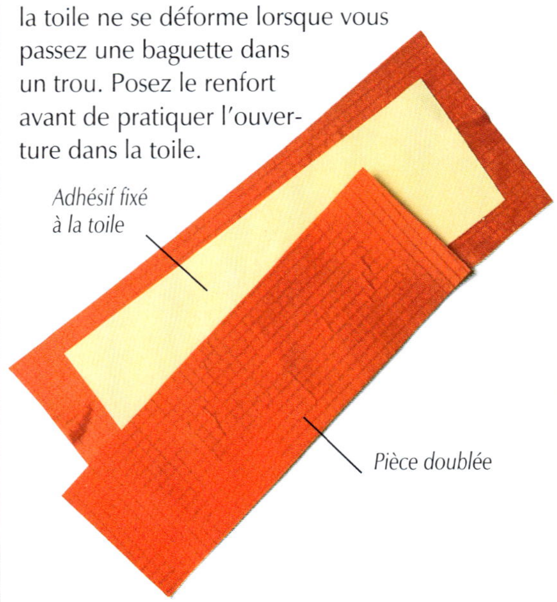

1 Découpez un morceau d'adhésif double face en prévoyant 5 cm en plus ; fixez-le à une chute de toile. Ajustez en découpant la toile à la dimension de l'adhésif.

5 cm de long

Pièce triangulaire

Trou pratiqué dans une pièce de renfort

Renfort posé

2 Découpez l'adhésif en bandes de 5 cm de long, et chaque morceau ainsi obtenu en diagonale . Otez la protection de l'adhésif et posez la pièce sur la toile. Découpez un trou à l'endroit renforcé pour faire passer la baguette.

POUR PRATIQUER UN TROU ROND

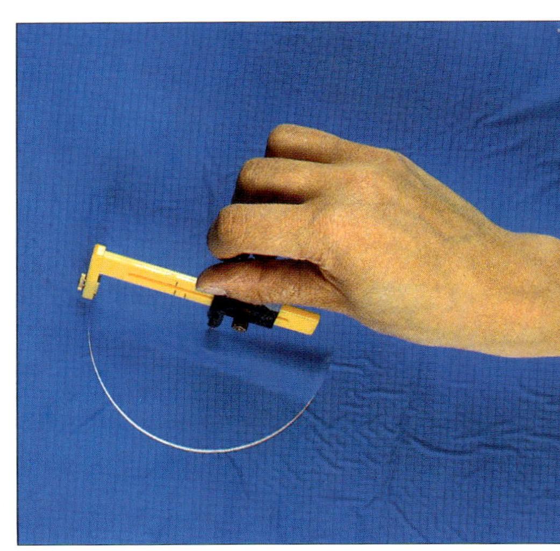

Le mieux est d'utiliser un cutter circulaire, dont vous réglerez le rayon en fonction du diamètre que vous souhaitez obtenir ; mais vous pouvez également tracer un cercle avec un compas puis découper aux ciseaux, ou utiliser un patron et un fer à souder.

POUR DÉCOUPER À CHAUD

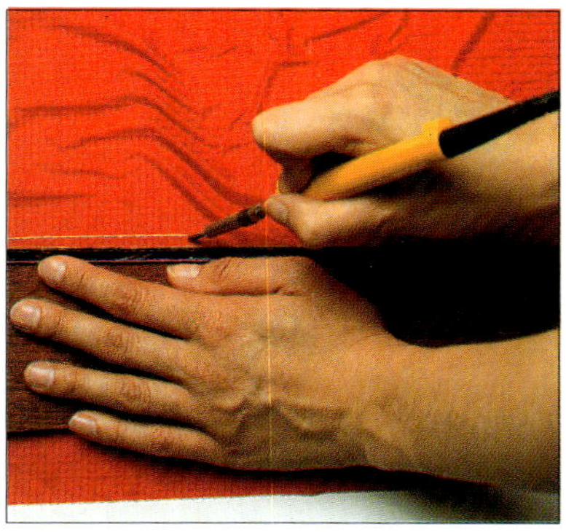

Pour empêcher la toile ou les sangles de s'effilocher une fois découpées, faites la découpe avec un fer à souder que vous tiendrez comme un crayon. en suivant les contours d'un patron ou d'une règle.

ATTENTION

▲ Travaillez dans une pièce bien ventilée, car les matériaux utilisés dégagent des vapeurs toxiques en brûlant.

▲ Ne vous brûlez pas les doigts.

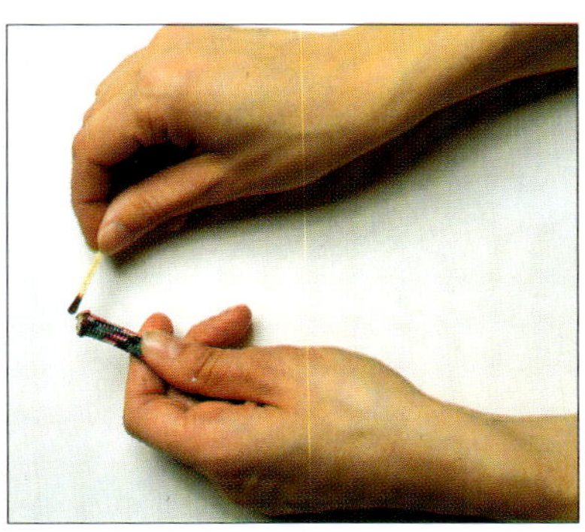

POUR SOUDER À CHAUD

Empêchez l'extrémité de s'effilocher en brûlant celle-ci avec des allumettes, un briquet ou un fer à souder.

POUR PRÉPARER LE RAMIN

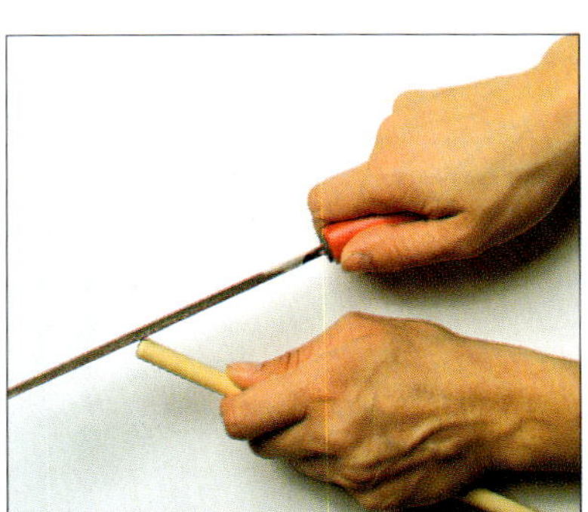

1 Sciez le ramin à la longueur désirée, arrondissez les angles à la lime.

2 Pour faire une encoche permettant de passer la ligne, sciez l'extrémité sur 5 mm de profondeur.

POUR RACCORDER EN ANGLE DES BAGUETTES

1 Découpez un morceau de tube plastique, sur une longueur de 3 à 8 cm selon le diamètre de la baguette. A mi-longueur, pratiquez une encoche perpendiculaire à la paroi.

2 Faites une nouvelle encoche à 45° de la première. Courbez le tuyau au niveau du coin ainsi formé, emboîtez les baguettes.

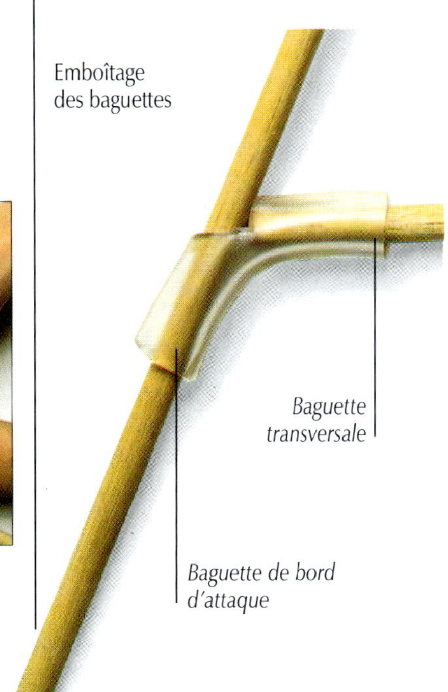

LES NŒUDS DE CERFS-VOLANTS

Voici quelques nœuds qui vous seront bien utiles. Les nœuds simple et coulant sont les plus employés. La tête d'alouette permet d'attacher l'anneau à la bride, et se défait facilement pour l'ajustage de l'angle de vol. Le nœud de chaise sert à attacher la ligne au point de bride.

NŒUD SIMPLE

NŒUD COULANT

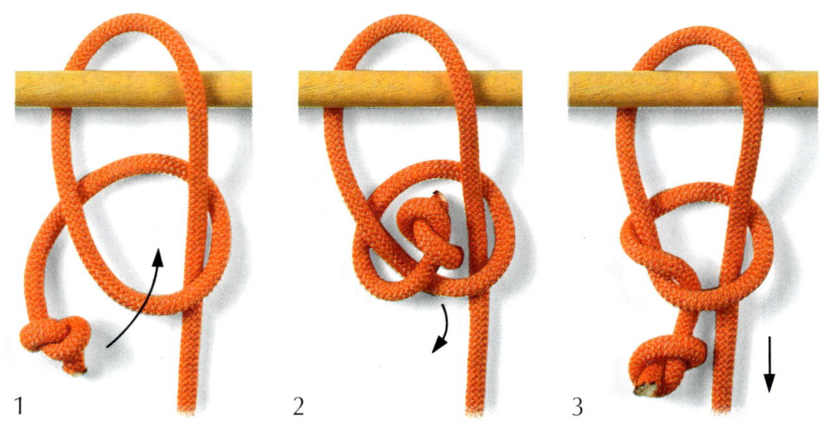

NŒUD DE CHAISE

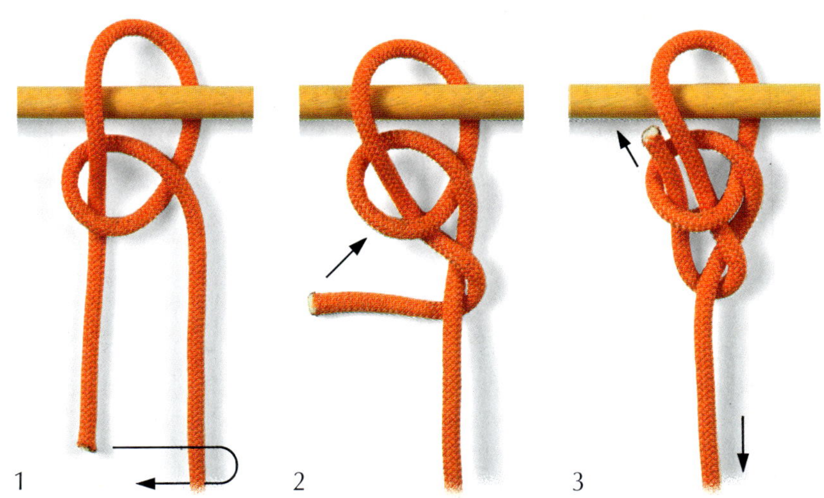

TETE D'ALOUETTE

LUGE SIMPLE

Cette luge est très facile à fabriquer : il suffit pratiquement de faire un ourlet à la toile, un gousset pour les baguettes, et deux évents par découpe à chaud. Idéale pour des vents faibles à modérés, cette luge demande une ligne ayant un point de rupture compris entre 25 et 32 kg. Si votre luge a tendance à voler en biais, éloignez l'anneau de bride de la direction vers laquelle penche la luge.

MATÉRIAUX ET ACCESSOIRES

- 1 m de toile de spi
- 2,5 m de tresse de nylon, résistance 25 kg
- 1 anneau en aluminium
- 2 baguettes de ramin (6mm) en 88 cm
- Ligne
- Stylo feutre ou craie de tailleur
- Règle/Equerre
- Ciseaux
- Epingles
- Machine à coudre, fil à coudre
- Allumettes ou briquet
- Fer à souder
- 1 assiette, diamètre approximatif 18 cm
- Lime

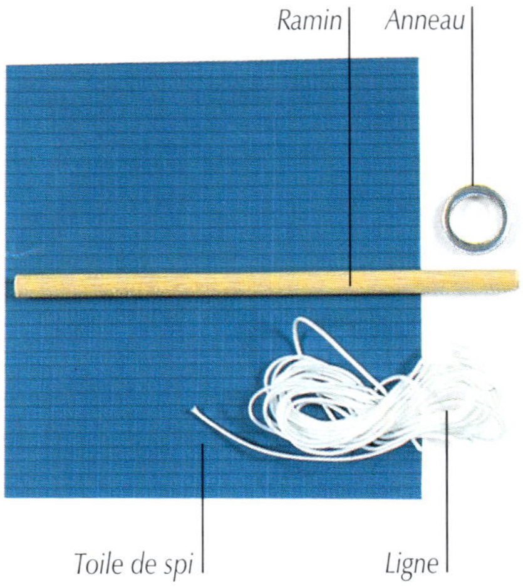

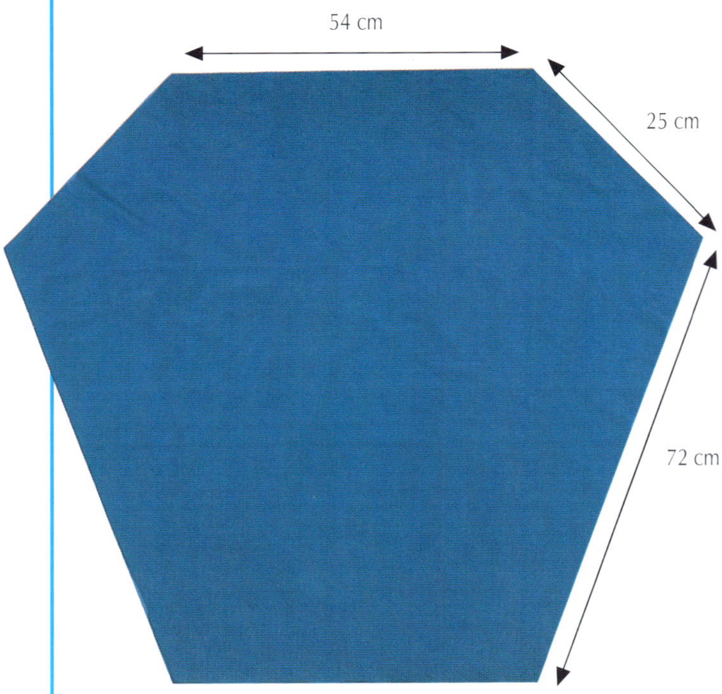

1 Sur la toile posée à plat, dessinez puis coupez selon les dimensions ci-dessus.

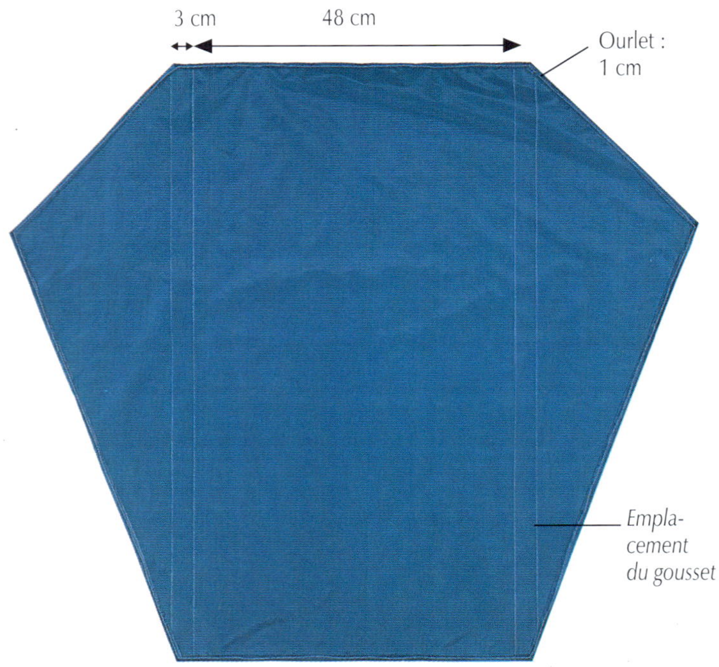

2 Repliez, épinglez, cousez un ourlet d'1 cm tout autour de la toile. Tracez sur la toile l'emplacement du gousset, retournez la toile.

JOUEZ LA COULEUR

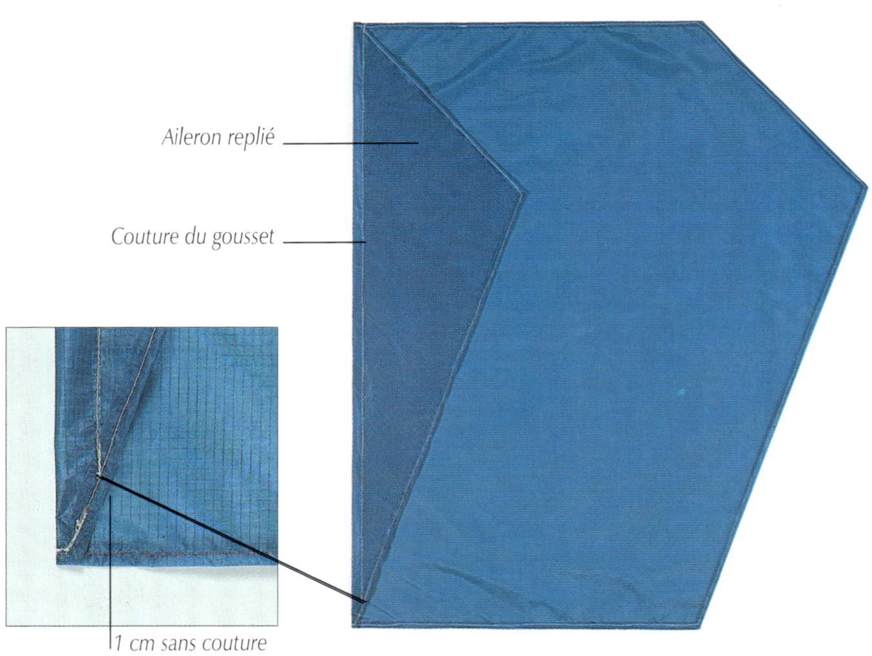

3 Repliez un aileron, superposez les traits du gousset de la première baguette. Cousez sur les traits pour faire le gousset, en laissant 1 cm libre à partir du bas. Faites le second gousset.

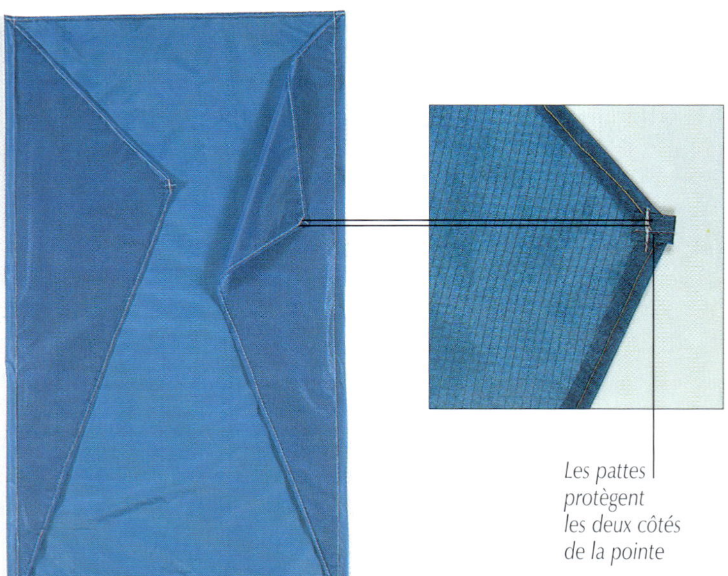

4 Faites deux pattes avec des chutes de toile, piquez-les à la pointe des ailerons.

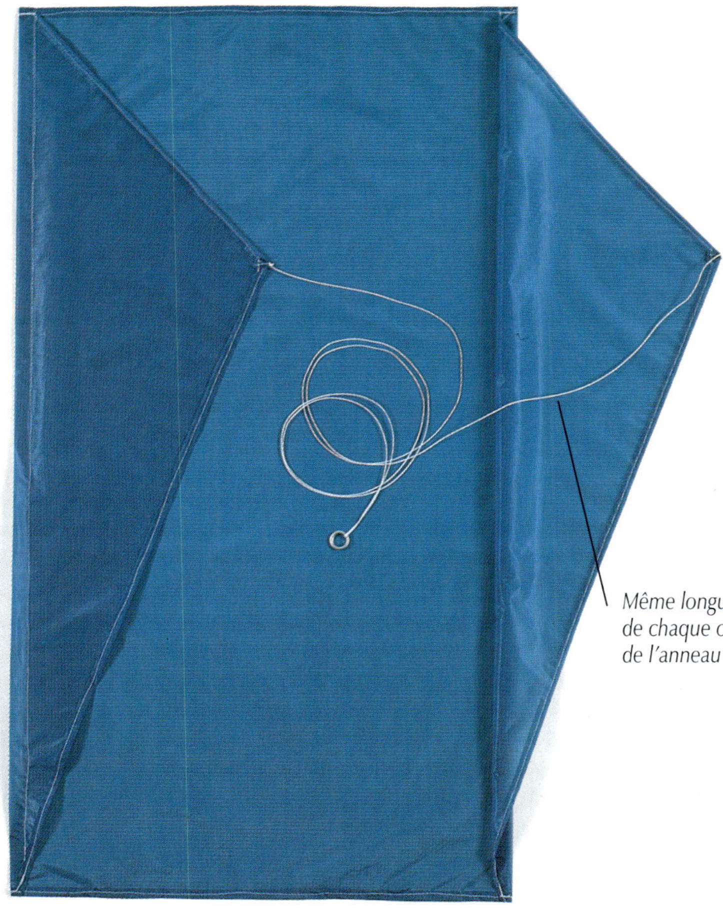

Même longueur de chaque côté de l'anneau

5 Scellez à chaud les extrémités de la ligne. Attachez chaque extrémité à des pattes, puis faites une tête d'alouette pour attacher l'anneau en milieu de ligne.

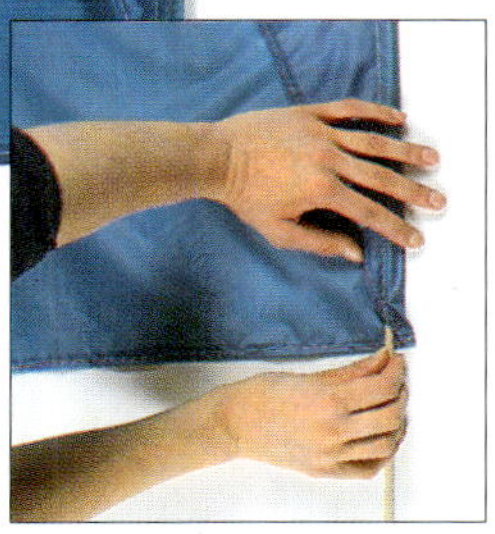

7 Arrondissez à la lime les extrémités des baguettes, rentrez chaque baguette dans un gousset. Les baguettes doivent être bien maintenues sans pour autant se déformer. Attachez à l'anneau la ligne de retenue.

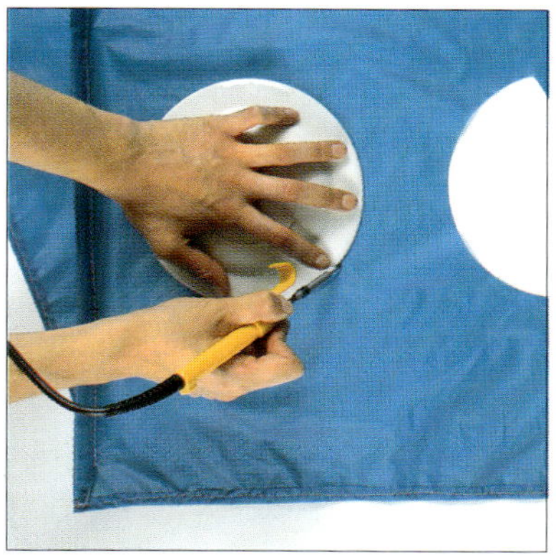

ATTENTION

▲ Travaillez dans une pièce bien ventilée. A la découpe la toile de spi va dégager des fumées toxiques.

▲ Ne touchez pas la pointe du fer à souder, qui reste très chaude même longtemps après utilisation.

6 Retournez l'assiette sur la toile, à 15 cm du bas du cerf-volant. Avec le fer à souder, pratiquez deux trous en suivant la forme de l'assiette.

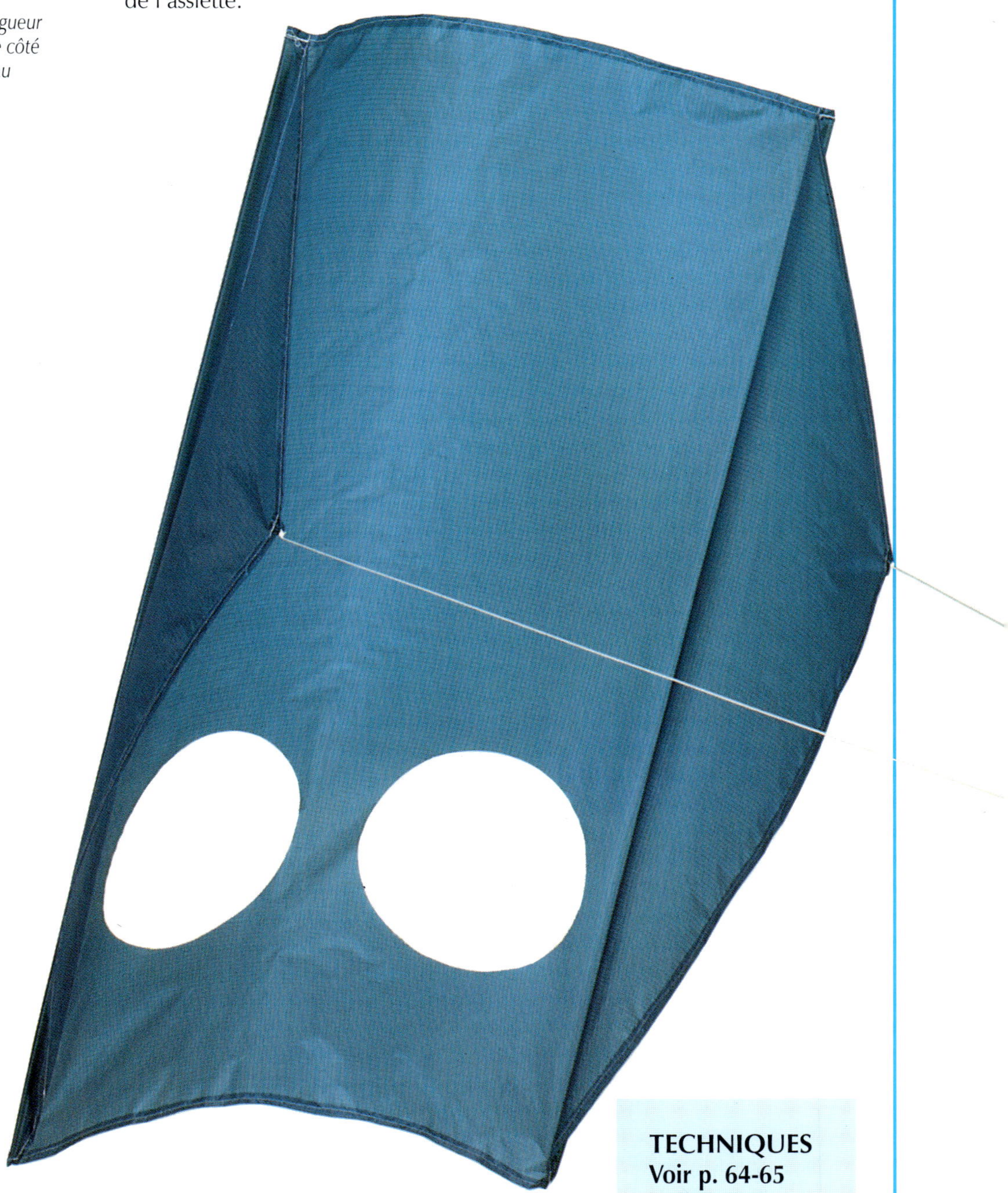

En vol, le vent fait onduler la voilure et lui donne une forme incurvée. Les évents stabilisent le cerf-volant.

TECHNIQUES
Voir p. 64-65

Fabrication des pattes

Scellement à chaud

Tête d'alouette

Découpe à chaud

Préparation du ramin

DELLA PORTA

Schématiquement, ce cerf-volant se compose d'un rectangle de toile, de deux baguettes en diagonale, de quatre poches et d'une longue queue : il est très facile à fabriquer. Vous pouvez rapporter sur la toile des pièces de couleurs, ou composer votre voilure en cousant des bandes de toile de plusieurs couleurs. Ce cerf-volant, très stable dans une large plage de vents, doit avoir une ligne supportant 12 kg.

MATÉRIAUX ET ACCESSOIRES

- 1,15 m de toile de spi
- 2 baguettes de ramin (6mm) en 80 cm
- 2,20 m environ de tresse de nylon, résistance 25 kg
- 1 anneau d'aluminium
- Ligne
- Stylo feutre ou craie de tailleur
- Règle/Equerre
- Ciseaux
- Epingles
- Machine à coudre, fil à coudre
- Lime
- Allumettes ou briquet
- Aiguille à grand chas

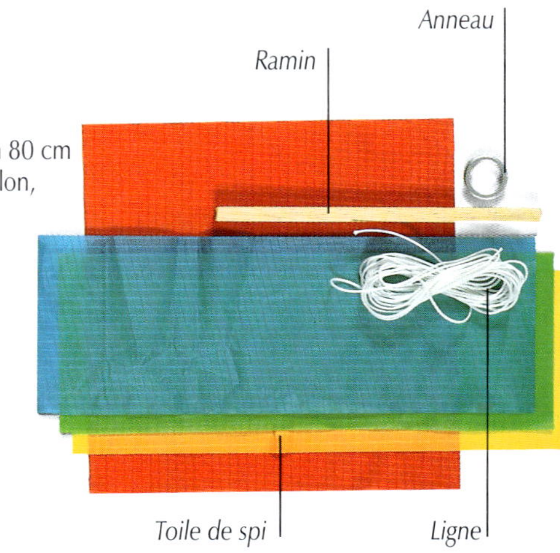

FABRICATION : VOILURE ET ARMATURE

1 En respectant les dimensions indiquées ci-contre, marquez puis découpez au format la toile de spi.

Schéma de coupe

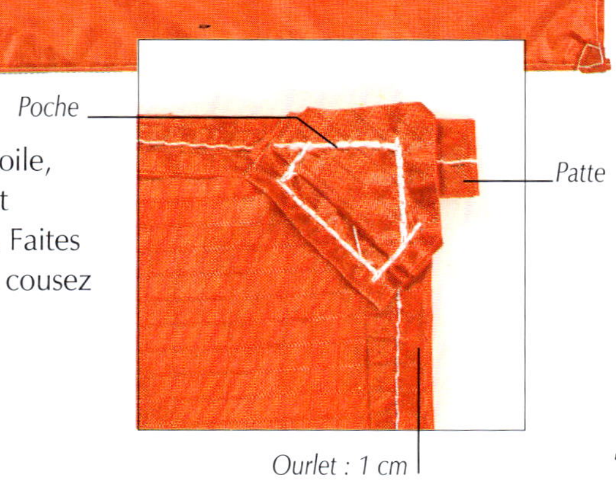

2 Repliez les bords de la toile, épinglez, faites un ourlet d'1 cm sur les quatre côtés. Faites six pattes et quatre poches, cousez à chaque angle une poche et une patte en diagonale, côté extrados.

3 Arrondissez à la lime les extrémités des baguettes. Coincez les baguettes dans les poches, en les disposant en diagonale. Les baguettes doivent être maintenues fermement, sans pour autant que la voilure ou les baguettes se déforment.

Bridage

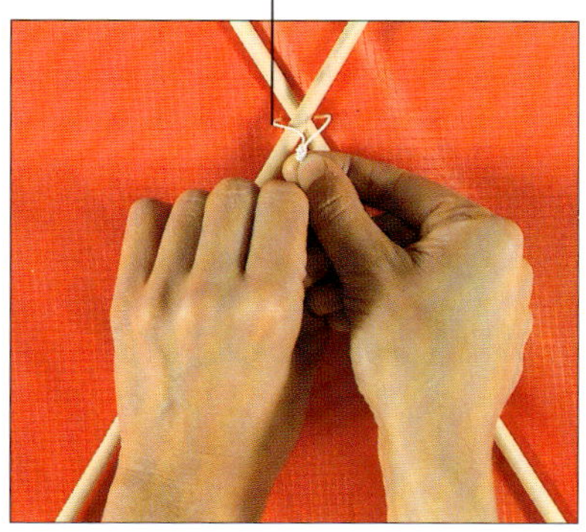

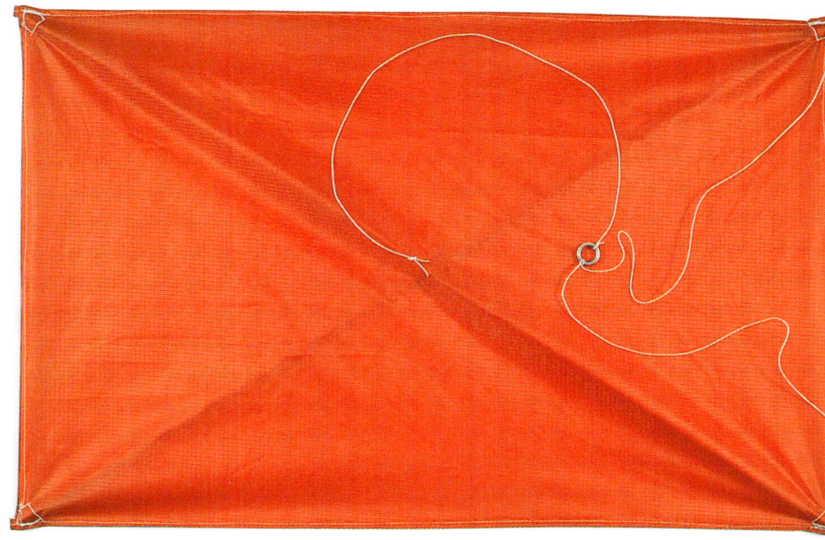

1 Coupez la tresse de nylon de façon à obtenir une fois 1 m, une fois 62 cm, et trois fois 15 cm ; scellez à chaud les extrémités. Passez l'anneau dans la tresse d'1 m, faites une tête d'alouette en milieu de tresse. Attachez les 2 extrémités aux pattes situées en tête

2 Avec une aiguille à grand chas, passez la tresse de 15 cm à travers la voile, à proximité du point de croisement des baguettes. Repassez l'aiguille dans la voile symétriquement. Faites un nœud simple autour des baguettes de façon à obtenir une boucle.

3 Faites passer la boucle de l'autre côté, sur l'intrados. Prenez la tresse de 62 cm ; avec des nœuds coulants, attachez une extrémité à la boucle, et l'autre extrémité à l'anneau. Attachez la ligne de retenue à l'anneau.

Adjonction d'une queue en boucle

1 Cousez à la suite des bandes de toile, découpez des fentes sur les bords, au hasard.

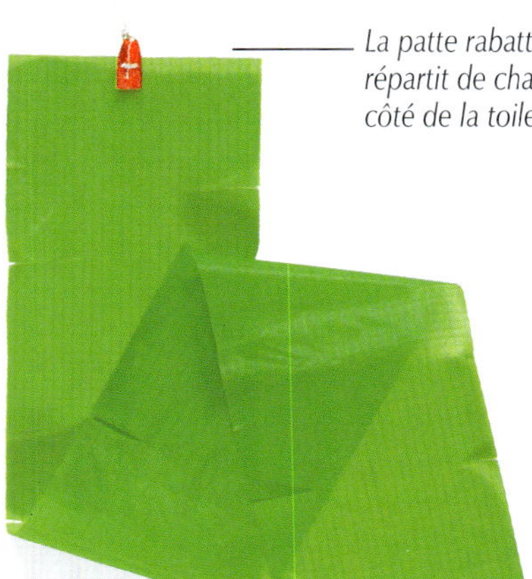

2 Cousez les deux pattes restantes aux deux extrémités de la queue. Piquez les deux bouts d'une tresse de nylon sur chaque patte et faites un nœud simple près de la patte. Attachez la queue aux pattes au bas de la voilure.

La queue permet de remettre le cerf-volant sur sa trajectoire.

TECHNIQUES
Voir p. 64-65

Fabrication des pattes
Fabrication des poches
Préparation du ramin
Scellement à chaud
Tête d'alouette
Nœud simple
Nœud coulant

LUGE À SIX CAISSONS

Cette luge accepte une large plage de vents et a un angle d'incidence très ouvert. Elle est très facile à fabriquer, car elle n'a pas d'armature et ne demande pas d'assemblage. Dans notre exemple, le cerf-volant est bicolore, les dérives étant d' une couleur contrastée ; vous pouvez personnaliser le vôtre en employant une troisième couleur, ou au contraire le faire uni. Cette luge devra être munie d'un cône-ancre et d'une ligne supportant 12 à 25 kg.

MATÉRIAUX ET ACCESSOIRES

- 2 m de toile de spi
- 12 m de tresse de nylon, résistance 25 kg
- 2 anneaux en aluminium
- 1 émérillon et son agrafe
- Stylo feutre ou craie de tailleur
- Règle/Equerre
- Ciseaux
- Machine à coudre, fil à coudre
- Aiguille à grand chas

FABRICATION DE LA VOILURE

1 En respectant les dimensions indiquées ci-contre, dessinez puis découpez dans la toile deux rectangles, quatre triangles, ainsi que les pièces destinées à former le cône-ancre.

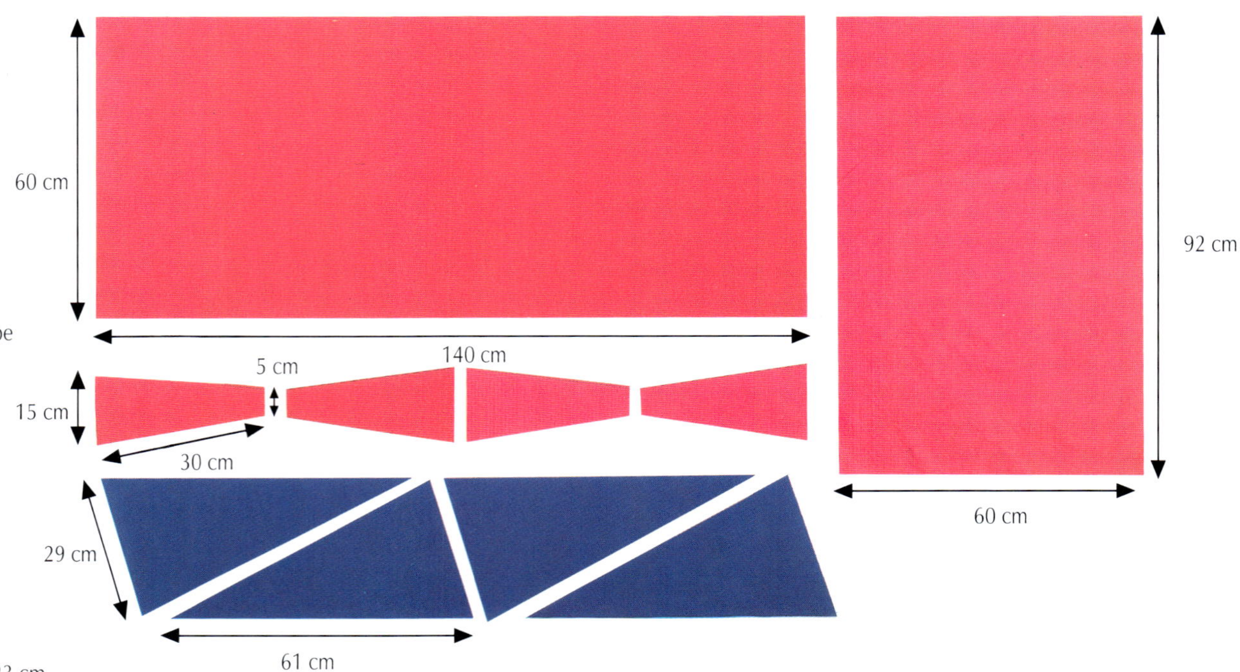

Schéma de coupe

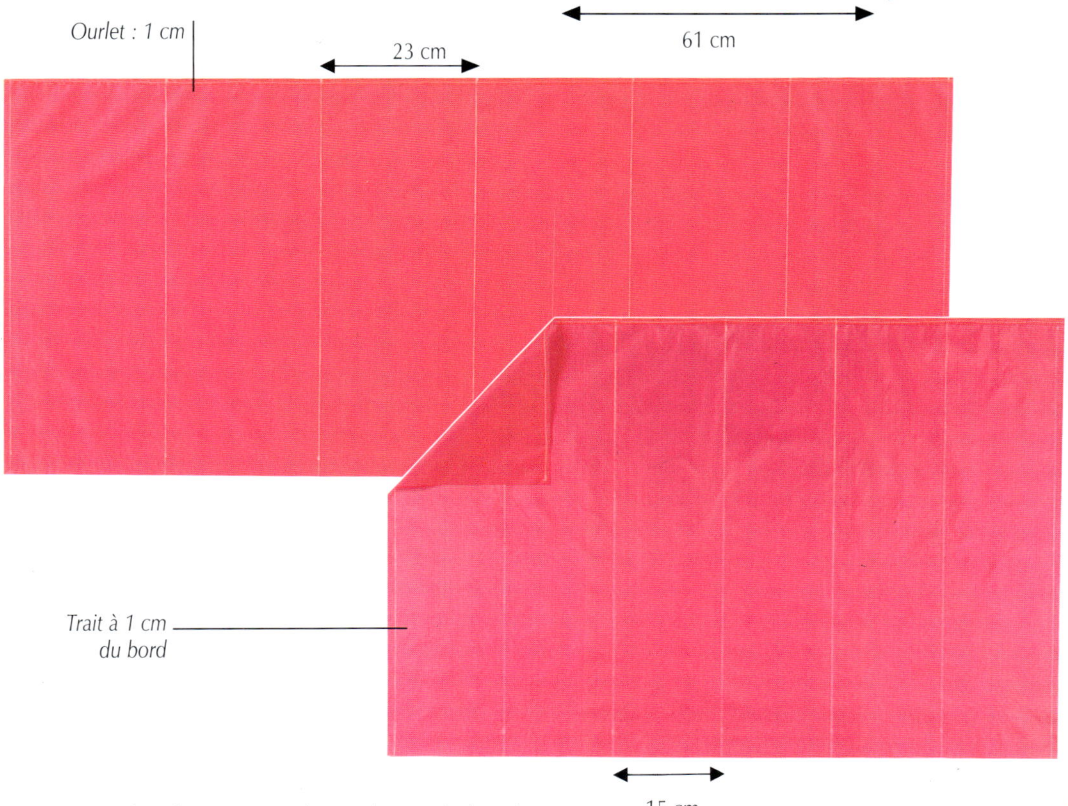

2 Prenez les deux rectangles. Rabattez le bord d'un grand côté, faites un ourlet d'1 cm. Sur chaque rectangle, tracez un trait à 1 cm du bord des deux petits côtés, tracez entre ces deux traits six rectangles égaux.

3 Pour les dérives, faites un ourlet d'1 cm sur deux côtés de chaque triangle de toile : un des grands côtés, et le petit côté. Piquez une patte à l'angle des deux côtés ourlés.

Piqûre à 1 cm
du bord

4 Posez les rectangles l'un sur l'autre, en superposant les traits d'un côté. Glissez une dérive entre les deux épaisseurs de toile, épinglez. Faites une piqûre à 1 cm du bord de la toile.

5 Faites de même sur l'autre bord, en superposant bien les bords des toiles et en piquant une autre dérive.

6 Retournez la toile, superposez les traits sur la toile. Epinglez, puis piquez à la machine, en laissant intact un petit espace en bas des deuxième et quatrième traits. A ces endroits, cousez une patte.

Caisson

Piqûre
de 5 cm

7 Epinglez les deux dérives restantes à la deuxième et à la quatrième piqûre. Piquez ces dérives à la machine. Au bas du cerf-volant, piquez ensemble sur 5 cm de haut les deux épaisseurs de chaque caisson, à mi-distance des deux traits.

TECHNIQUES
Voir p. 64-65

Fabrication des pattes

Scellement à chaud

Nœud simple

Tête d'alouette

BRIDAGE

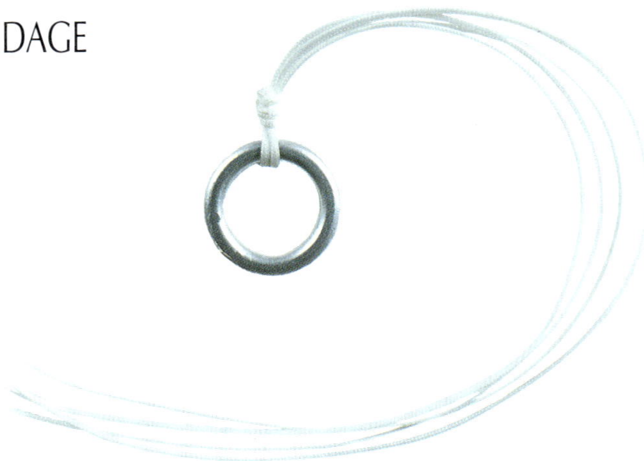

1 Prenez la tresse de nylon, coupez deux longueurs de 3 m, scellez à chaud les extrémités. Passez ces deux longueurs à un anneau, alignez les extrémités, placez l'anneau à mi-longueur, faites un nœud simple tout près de l'anneau. Attachez chaque extrémité de tresse à une patte de dérive.

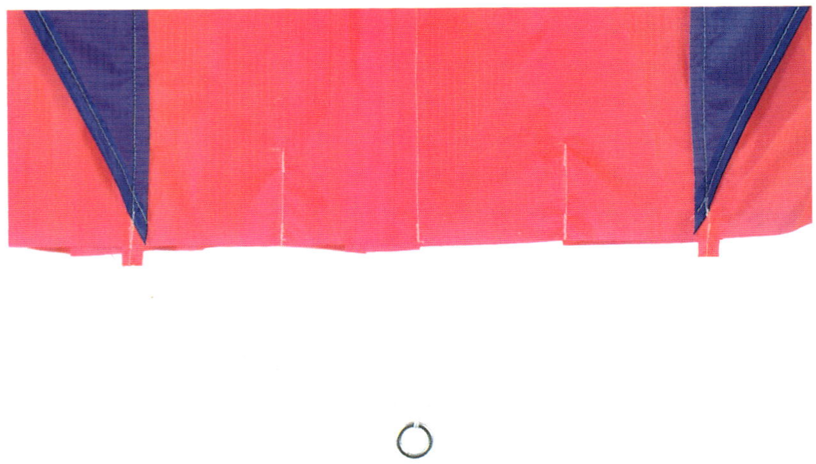

2 Coupez 50 cm de tresse de nylon, scellez à chaud les extrémités. Passez le second anneau. Attachez une extrémité à chaque patte située au bas du cerf-volant. Fixez l'anneau à mi-distance avec une tête d'alouette.

ADJONCTION D'UN CÔNE-ANCRE

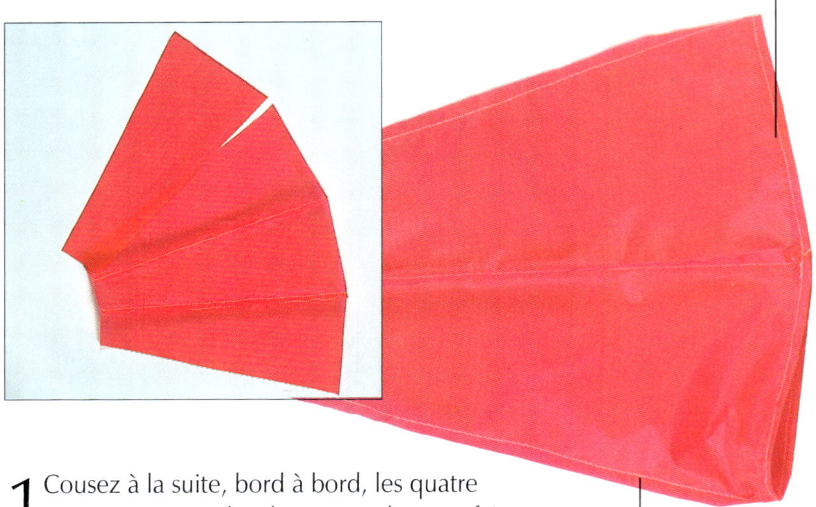

1 Cousez à la suite, bord à bord, les quatre morceaux, puis pliez le tout en deux, et faites un ourlet à 1 cm le long du sommet du cône (arc de cercle le plus grand). Piquez ensemble les deux côtés restants. Retournez le cône-ancre pour que les piqûres se trouvent à l'intérieur.

Les longueurs de tresse à partir de l'agrafe doivent être de longueurs égales

2 Coupez deux longueurs de 50 cm de tresse de nylon, scellez à chaud les extrémités. Passez-les dans la boucle de l'émérillon, alignez les extrémités. Faites un nœud simple à mi-longueur près de la boucle. Avec une aiguille à grand chas, passez une extrémité dans la toile au niveau de la piqûre en courbe, fixez par un nœud. Faites de même pour les autres extrémités, à intervalles réguliers.

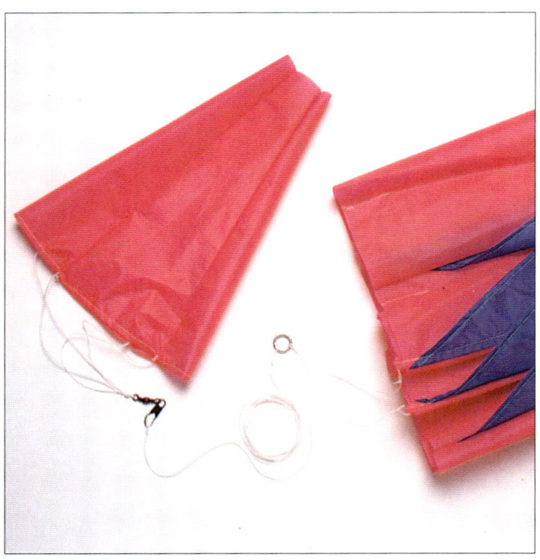

3 Prenez le reste de tresse, attachez une extrémité à l'anneau situé au bas du cerf-volant. A l'autre extrémité, faites un nœud simple de façon à former une boucle, et fixez-y le cône-ancre. Attachez la ligne de retenue à l'anneau de bride.

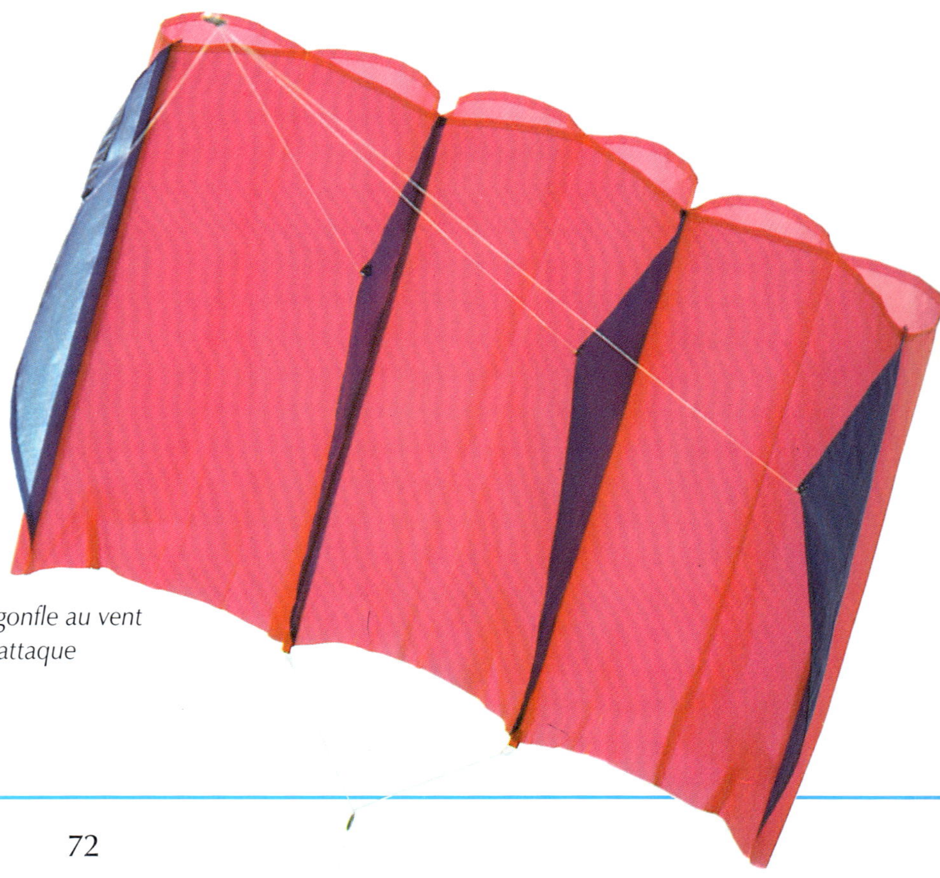

Votre luge se gonfle au vent par le bord d'attaque

ÉTOILE

Ce cerf-volant est très amusant à faire voler, car il fait des culbutes dans les airs par vent léger ou modéré. Il est beaucoup plus facile à fabriquer qu'il n'y paraît, car un certain nombre d'étapes répètent les étapes antérieures. Prenez des couleurs différentes pour la partie centrale et les pointes, afin d' obtenir un meilleur effet visuel en vol. Ce cerf-volant doit être muni d'une ligne supportant 25 kg.

MATÉRIAUX ET ACCESSOIRES

- 1,60 m de toile de spi au total (couleurs différentes)
- 2,5 m de tresse de nylon, résistance 25 kg
- 6 baguettes de ramin (6 mm) en 29 cm de long
- 3 baguettes de ramin (6 mm) en 105 cm de long
- 1 anneau en aluminium
- Ligne
- Stylo feutre ou craie de tailleur
- Règle/Equerre
- Ciseaux
- Machine à coudre, fil à coudre
- Cutter circulaire
- Epingles
- Allumettes ou briquet
- Lime
- Scie à métaux

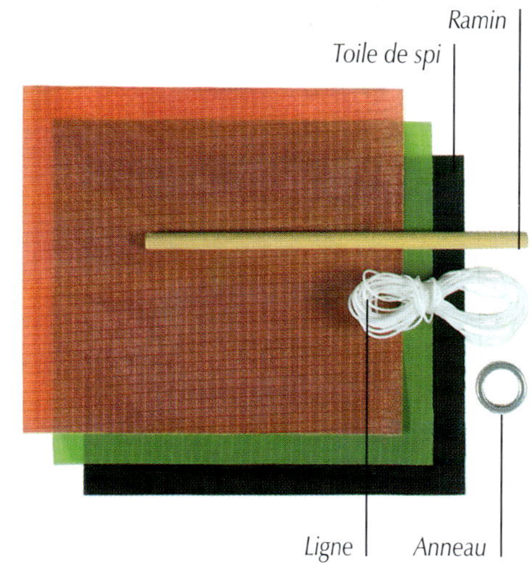

FABRICATION DE LA PARTIE CENTRALE

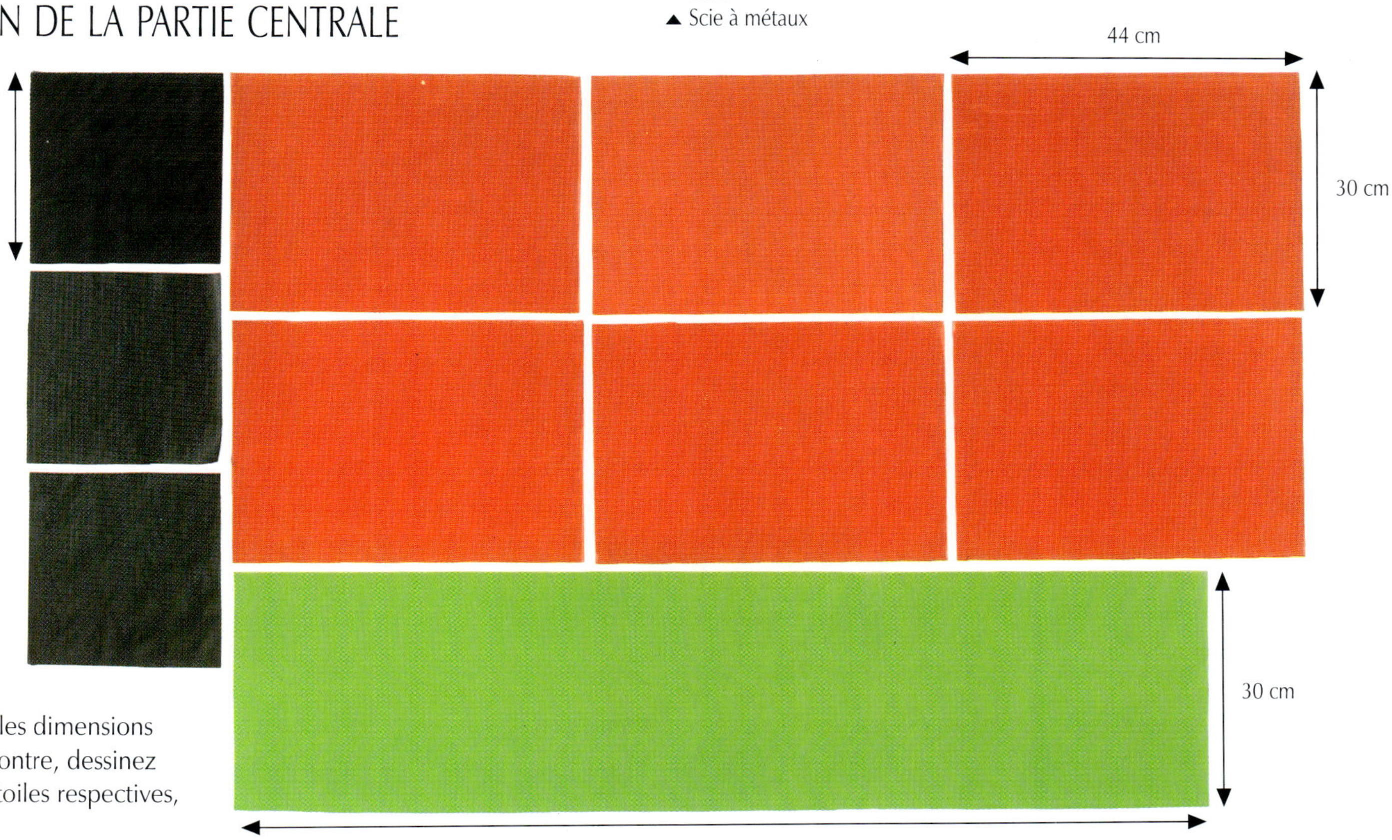

Schéma de coupe

1 En respectant les dimensions indiquées ci-contre, dessinez les figures sur les toiles respectives, coupez.

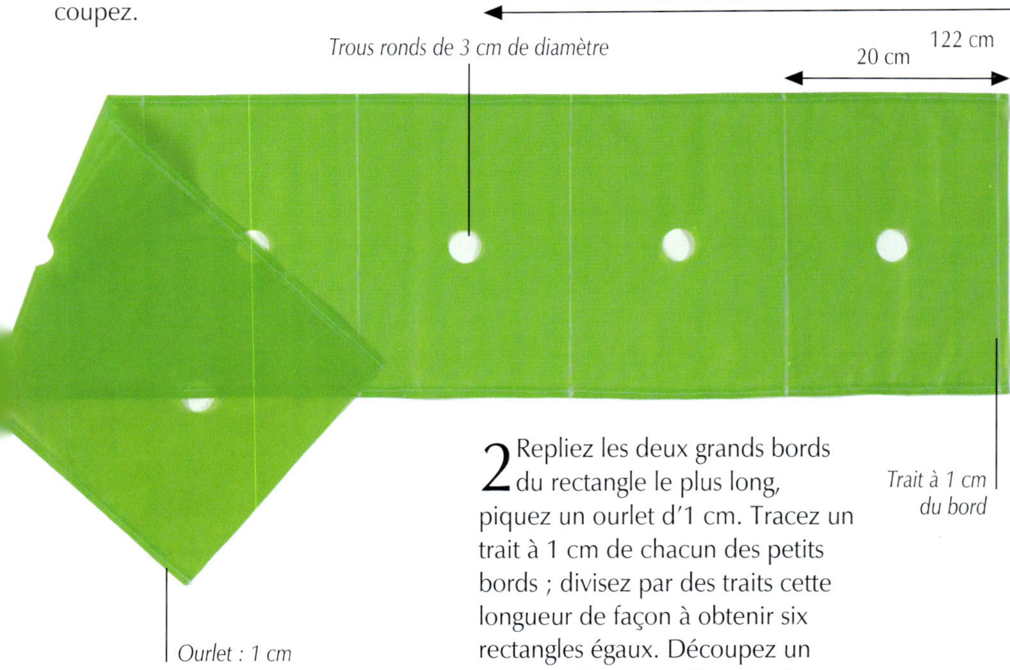

2 Repliez les deux grands bords du rectangle le plus long, piquez un ourlet d'1 cm. Tracez un trait à 1 cm de chacun des petits bords ; divisez par des traits cette longueur de façon à obtenir six rectangles égaux. Découpez un trou circulaire au milieu de chacun de ces rectangles.

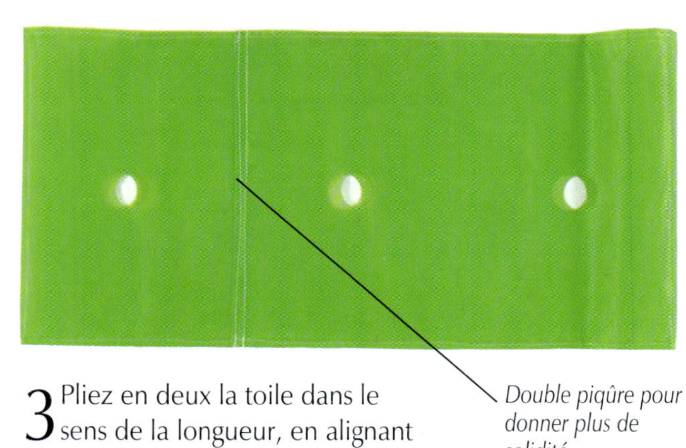

3 Pliez en deux la toile dans le sens de la longueur, en alignant bien les traits l'un au-dessus de l'autre. Piquez ensemble les deux épaisseurs, en laissant 1 cm de libre aux bords. Rabattez la piqûre d'un côté pour qu'elle soit bien plate. Retournez la toile.

ADJONCTION DES POINTES

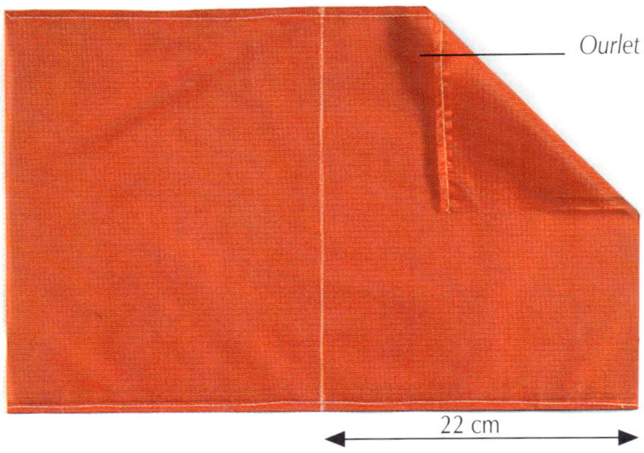

1 Faites un ourlet d'1 cm sur les grands bords de chaque petit rectangle de toile. Divisez par un trait en largeur chaque rectangle en deux parties égales.

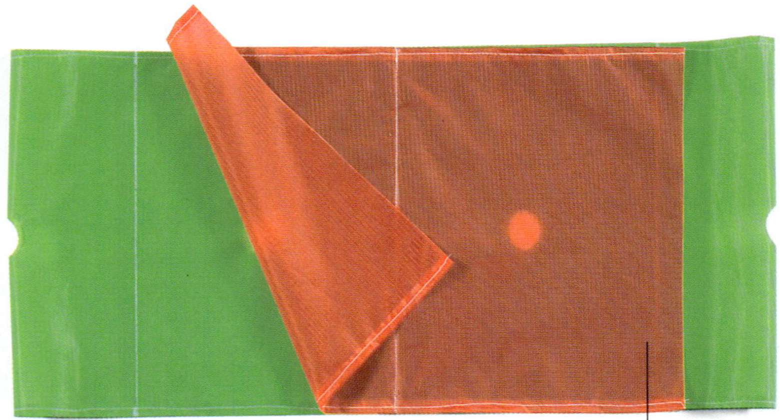

2 Posez un rectangle rouge sur la partie centrale, en superposant deux traits. Epinglez, piquez au niveau du trait. Faites de même avec les autres rectangles rouges.

3 Placez bout à bout les panneaux de toile, épinglez. Cousez à 2 cm du bord, en laissant 1 cm de libre en bout de trait. Faites de même pour tous les panneaux.

FABRICATION DES AILERONS

1 Prenez les carrés ; repliez les bords, faites un ourlet d'1 cm sur chaque côté. Faites 9 pattes, piquez deux pattes par carré, à des angles opposés.

2 Prenez la tresse de nylon, coupez six longueurs de 10 cm, scellez à chaud les extrémités. Passez avec une aiguille une longueur dans une patte, faites un nœud simple de façon à obtenir une boucle. Faites de même pour les autres longueurs de tresse. Découpez en diagonale chaque carré en deux morceaux.

3 Placez un aileron entre les rabats situés entre deux panneaux rouges voisins. Epinglez le haut des rabats, piquez. Cousez les extrémités des rabats de façon à obtenir un gousset.

4 Faites de même avec les autres ailerons, en veillant à ce qu'ils soient bien identiques, et cousez une patte à un bord de gousset sur deux, toujours du même côté, de façon à fermer le gousset.

5 Faites un renfort sous chaque gousset, à mi-longueur. Faites un trou dans les renforts.

ASSEMBLAGE DU CERF-VOLANT

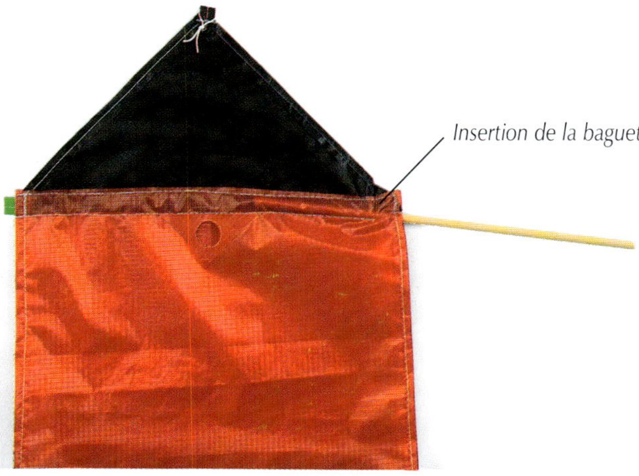

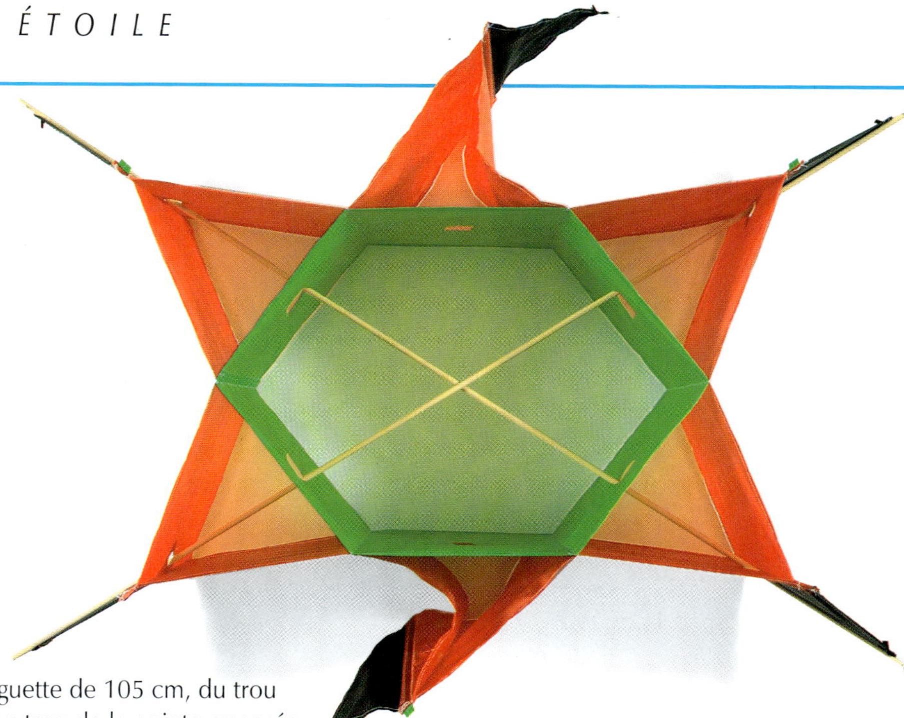

1 Arrondissez à la lime les extrémités des baguettes de 29 cm ; glissez chaque baguette dans un gousset. Si elles ne s'ajustent pas, rognez les extrémités. Prenez les baguettes de 105 cm, faites une encoche à chaque extrémité.

2 Passez une baguette de 105 cm, du trou d'une pointe au trou de la pointe opposée, en passant par les trous de la partie centrale. Faites glisser les boucles de tresse sur les ailerons par-dessus les encoches des baguettes. Faites de même avec les autres baguettes ; limez éventuellement les extrémités.

BOUCLE EN MILIEU DE TRESSE

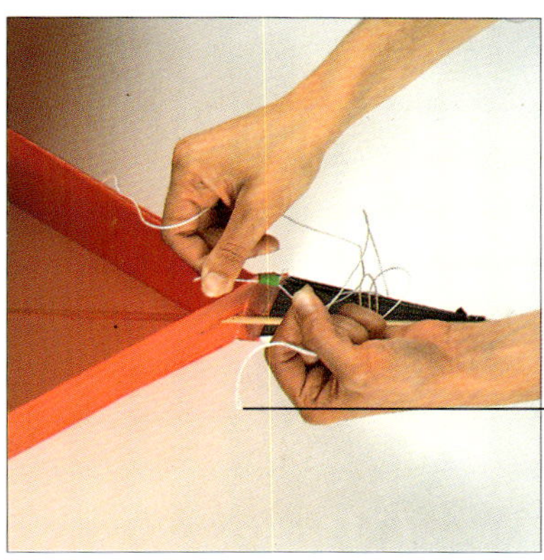

1 Coupez dans la tresse deux longueurs, de 150 et 40 cm ; scellez à chaud les extrémités. Pliez en deux la tresse de 150 cm, faites au milieu une petite boucle avec un nœud simple. Attachez chaque extrémité à une patte d'aileron.

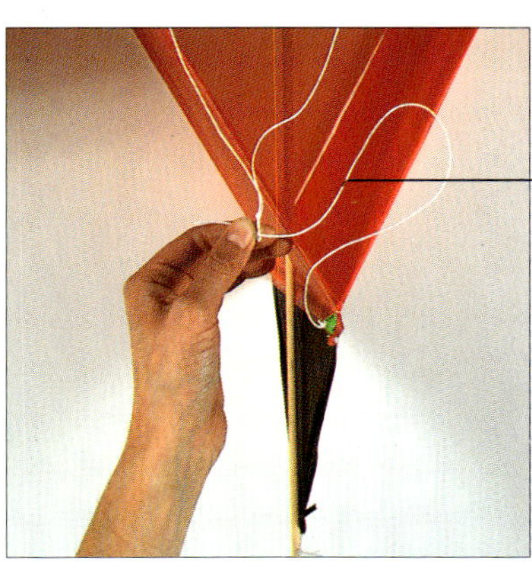

2 Attachez une extrémité de la tresse de 40 cm à la dernière patte, l'autre extrémité à la boucle. Attachez un anneau avec une tête d'alouette, à 10 cm derrière la boucle, attachez la ligne de retenue à l'anneau.

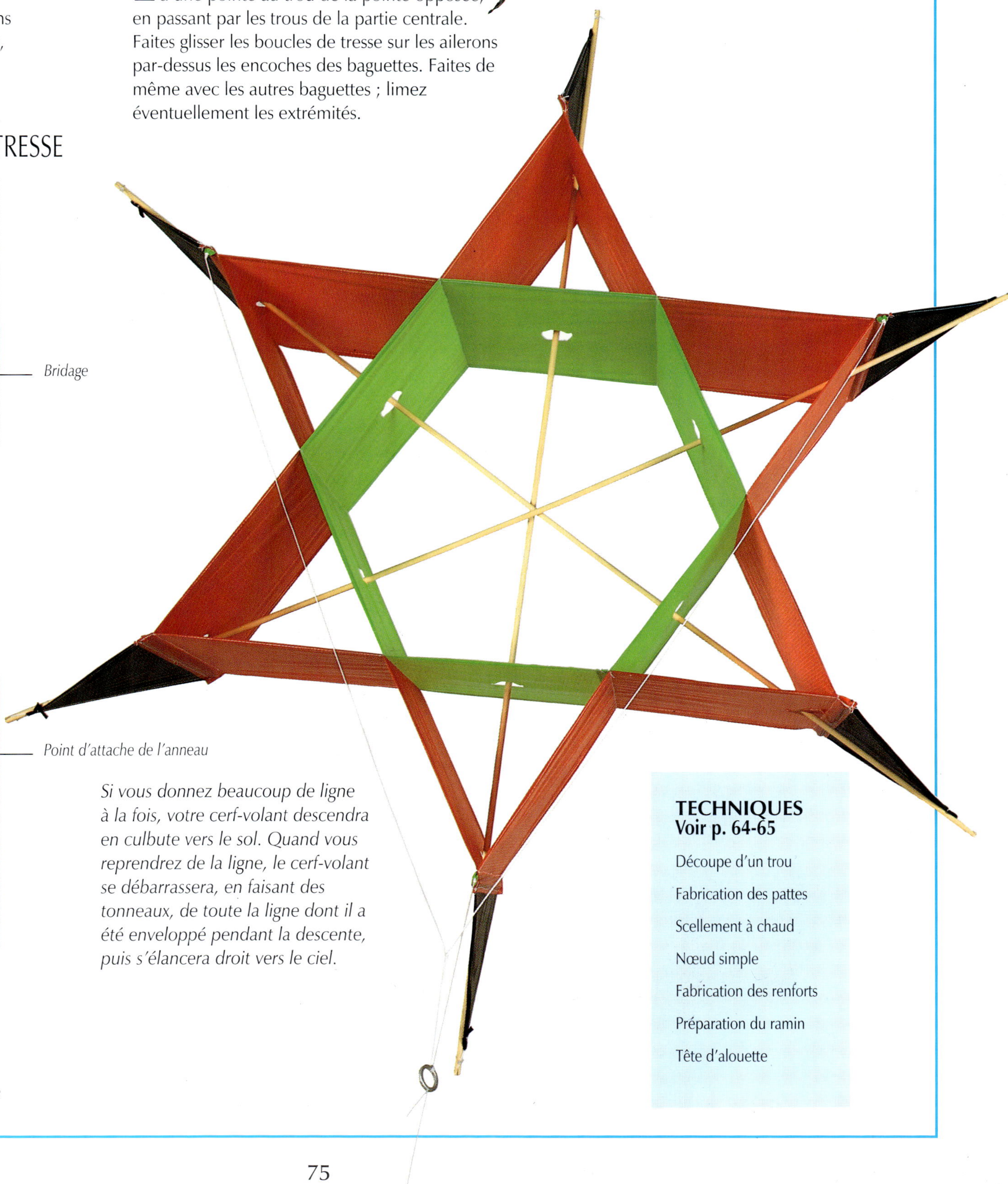

Si vous donnez beaucoup de ligne à la fois, votre cerf-volant descendra en culbute vers le sol. Quand vous reprendrez de la ligne, le cerf-volant se débarrassera, en faisant des tonneaux, de toute la ligne dont il a été enveloppé pendant la descente, puis s'élancera droit vers le ciel.

TECHNIQUES
Voir p. 64-65

- Découpe d'un trou
- Fabrication des pattes
- Scellement à chaud
- Nœud simple
- Fabrication des renforts
- Préparation du ramin
- Tête d'alouette

ACROBATE

Ce cerf-volant très maniable, composé de deux parties, est un mélange d'aile delta et de combattant. Sa structure ne comprend qu'une baguette arquée et une vergue verticale. Il peut effectuer toutes les figures acrobatiques décrites dans ce livre : looping, infinité, carré, piqué (voir p. 54 à 57). Il doit être muni de lignes supportant 18 kg.

MATÉRIAUX ET ACCESSOIRES

- 80 cm de toile de spi
- 2 baguettes de fibre de verre (4 mm) en 58 cm et 170 cm de long
- Environ 1,90 m de tresse de nylon, résistance 25 kg
- 2 anneaux en aluminium
- 2 fois 30 m de ligne de pilotage
- Stylo feutre ou craie de tailleur
- Règle/Equerre
- Ciseaux
- Machine à coudre, fil à coudre
- Allumettes ou briquet
- Aiguille à grand chas

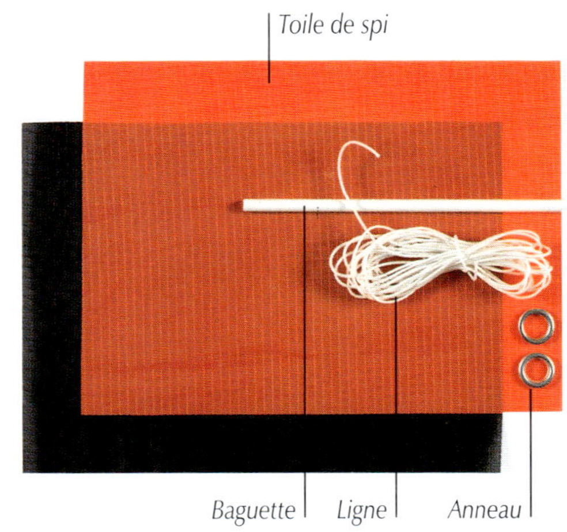

FABRICATION DE LA VOILURE

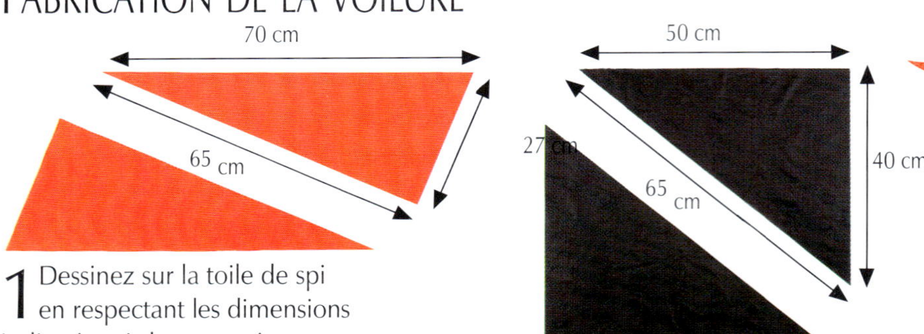

1 Dessinez sur la toile de spi en respectant les dimensions indiquées ci-dessus et ci-contre, puis coupez.

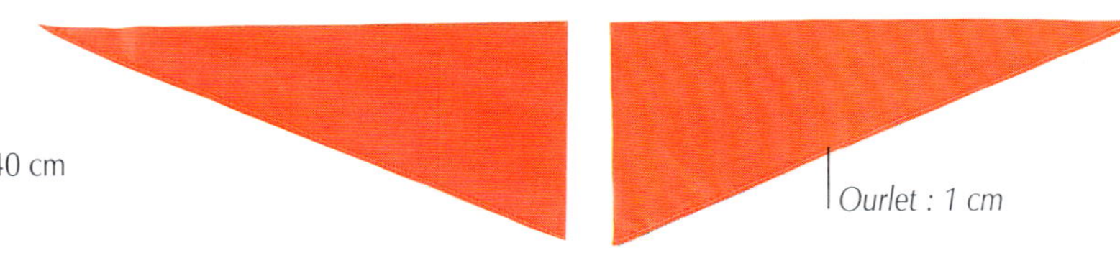

2 Repliez le bord du plus grand côté des deux triangles rouges, faites un ourlet d'1 cm.

3 Cousez les triangles rouges sur les triangles noirs comme indiqué ci-contre, en piquant à 1 cm du bord.

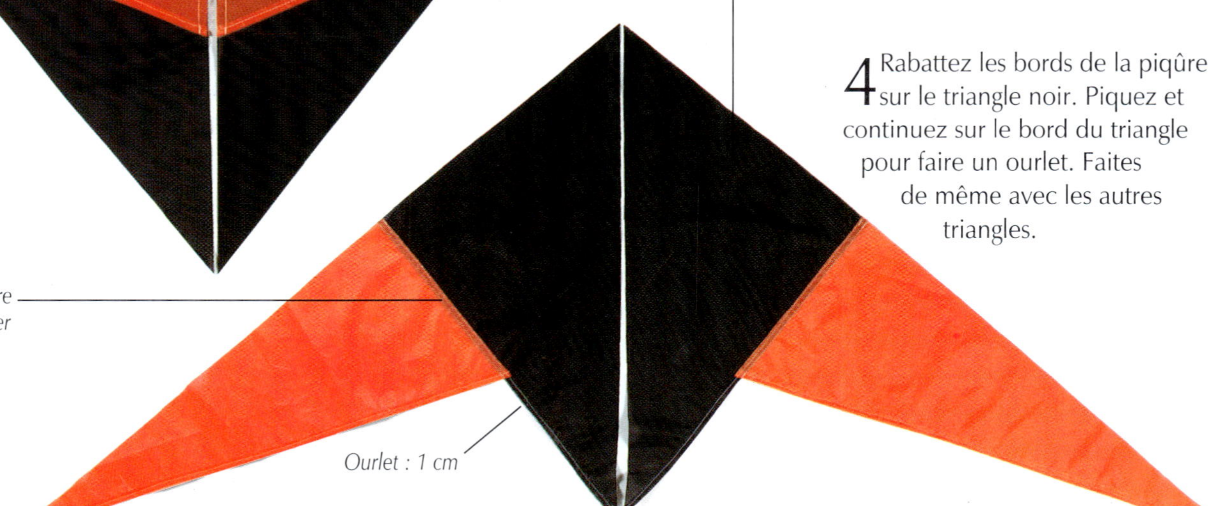

4 Rabattez les bords de la piqûre sur le triangle noir. Piquez et continuez sur le bord du triangle pour faire un ourlet. Faites de même avec les autres triangles.

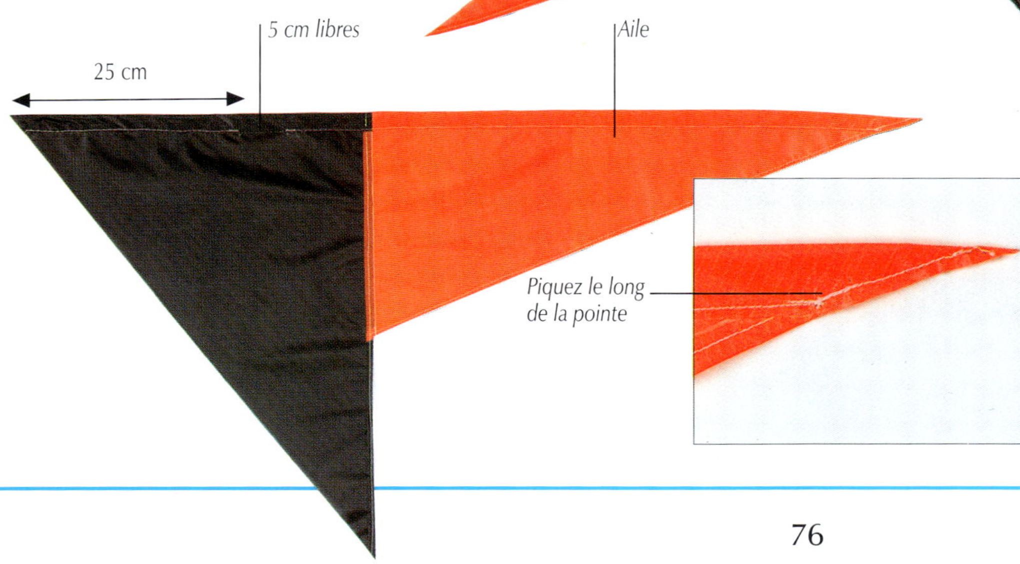

5 Faites un gousset pour la baguette : tracez un trait à 4 cm de l'angle droit formé par les deux triangles. Repliez le bord de façon à l'aligner avec le trait. Piquez près du bord, en laissant libres 5 cm. Fermez le gousset par une couture sur le bord de l'aileron. Faites de même pour les autres triangles.

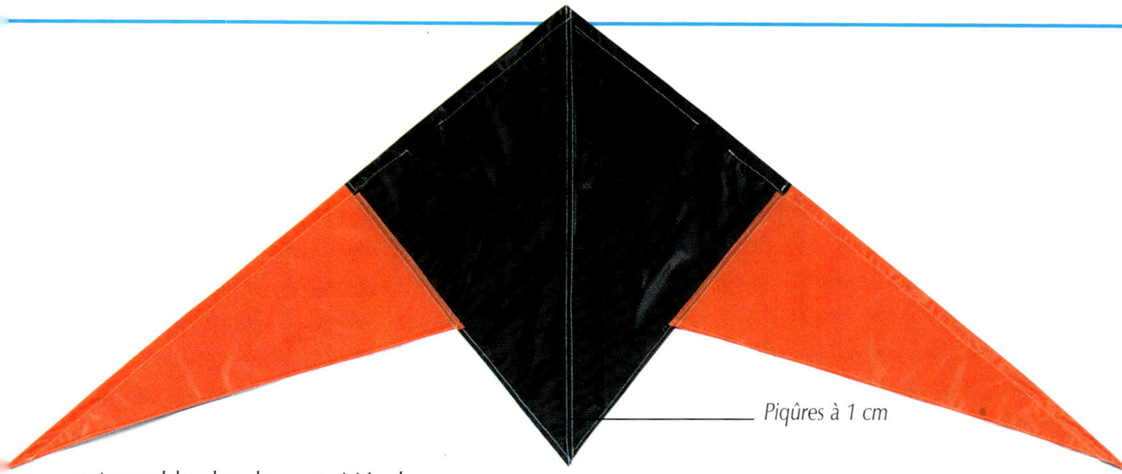

6 Assemblez les deux moitiés du cerf-volant. Piquez-les ensemble par deux piqûres à 1 cm de distance.

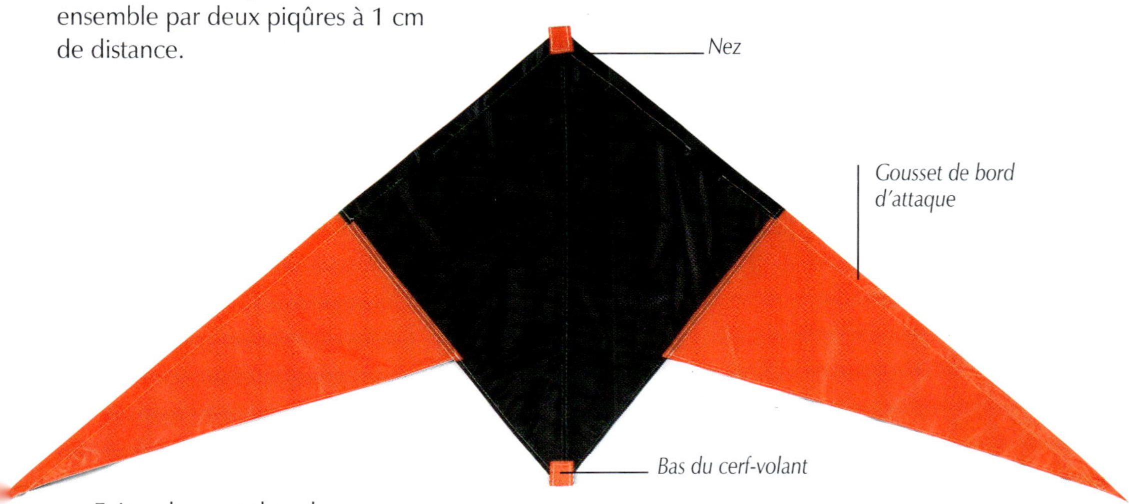

7 Faites deux poches dans une chute de toile ; cousez une poche au niveau du nez, l'autre au niveau du bas du cerf-volant.

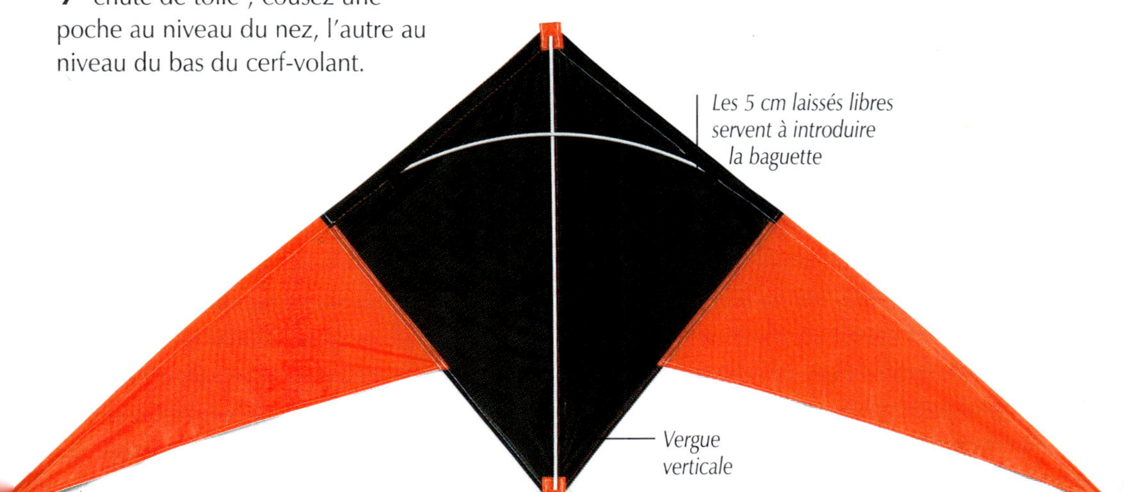

8 Coincez la baguette de 58 cm entre les deux poches pour constituer la vergue verticale. Glissez la baguette de 170 cm dans les goussets par les endroits non ourlés, en arquant la baguette.

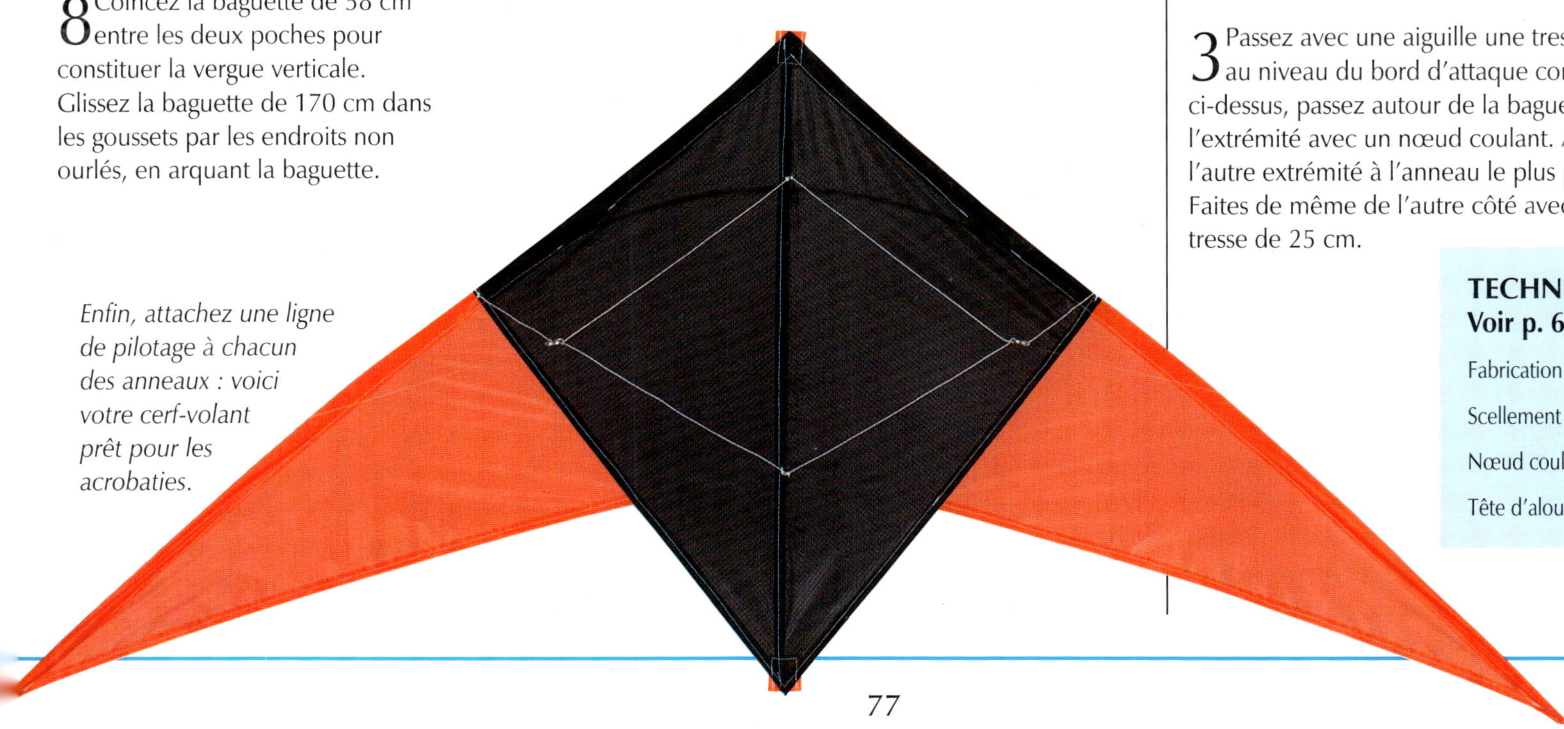

Enfin, attachez une ligne de pilotage à chacun des anneaux : voici votre cerf-volant prêt pour les acrobaties.

BRIDAGE

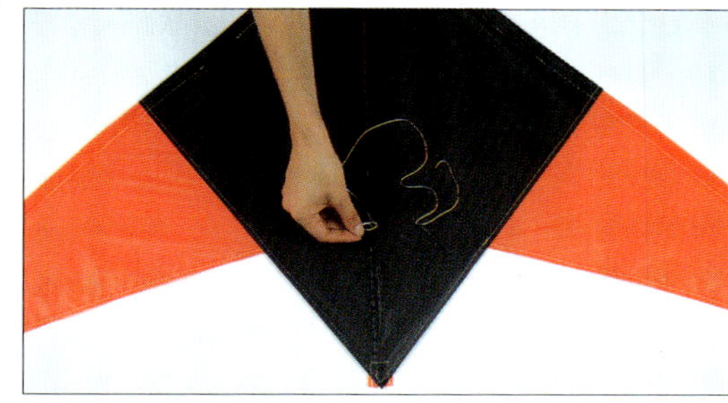

1 Coupez deux longueurs de tresse de 65 cm, et deux longueurs de 25 cm ; scellez à chaud les extrémités. A 18 cm du bas du cerf-volant, à la verticale, passez avec une aiguille une tresse de 65 cm dans la toile, passez autour de la grande vergue, repassez l'aiguille dans la toile. Nouez le bout avec un nœud coulant.

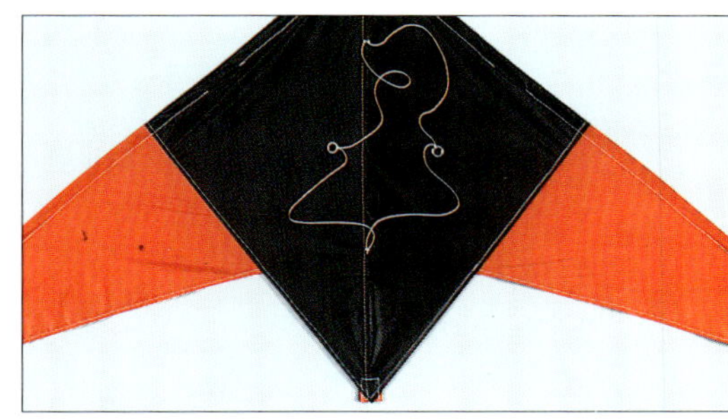

2 Faites de même avec l'autre tresse de 65 cm, cette fois à 45 cm du bas du cerf-volant. Vous obtenez ainsi une deuxième bride. Attachez avec une tête d'alouette un anneau à 29 cm en-dessous du haut de chaque bride.

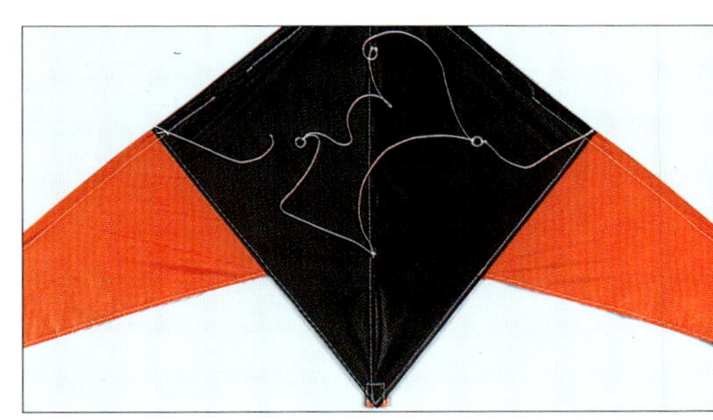

3 Passez avec une aiguille une tresse de 25 cm au niveau du bord d'attaque comme indiqué ci-dessus, passez autour de la baguette, attachez l'extrémité avec un nœud coulant. Attachez l'autre extrémité à l'anneau le plus proche. Faites de même de l'autre côté avec la seconde tresse de 25 cm.

TECHNIQUES
Voir p. 64-65

Fabrication d'une poche

Scellement à chaud

Nœud coulant

Tête d'alouette

INDEX

Les rubriques en **caractères gras** renvoient aux modèles de cerfs-volants présentés dans ce livre

QUELQUES ADRESSES UTILES

CLUBS

Cerf-volant Club de France : BP 186 - 75623 Paris cedex 13.

Royale Kite Compagnie : 42, rue de Vergennes - 78000 Versailles.

Banlieue Sud Cerfs-volants : 10, bd des Pyrénées - 92160 Antony.

Opale Kite Club : 110, rue de Metz - 62520 Le Touquet.

Cerf-volant Club de Montpellier : 8, rue Léo-Malbosc - 34090 Montpellier.

MAGASINS

Le ciel est à tout le monde : 10, rue Gay-Lussac - 75005 Paris - Tél. : 46 33 21 50 - Fax : 44 07 25 24.

Le cri du Kangourou : 22, rue Terme - 69001 Lyon.

Windy Morning : 24, rue Hugérie - 33000 Bordeaux.

Icare : 7, quai Maubel - 17000 La Rochelle.

Tête en l'air : 25, rue Courreau - 34000 Montpellier.

REMERCIEMENTS

Remerciements des auteurs

Nous voulons ici remercier les personnes et entreprises dont l'aide nous a été précieuse pour l'élaboration de ce livre : Andy King et Viv Walters (The Kite Store), qui nous ont prêté leurs cerfs-volants pour les prises de vues et ont soutenu notre projet ; Sarah Kent, pour la fabrication de ses modèles ; Gill et Jon Bloom, qui ont mis la dernière main au texte ; et Tim Walker qui nous a photographiés à l'improviste.

Merci également à Tanya Hines, pour sa persévérance qui a permis de faire aboutir le projet ; à Daphne Razazan pour son aide, notamment dans les premières étapes ; à Nigel Osborne et Matthew Chattle, pour leurs talents respectifs de maquettiste et de photographe.

Nous remercions enfin les propriétaires des cerfs-volants qui nous ont été prêtés : The Kite Store, Martin Lester, Windy Kites, Joel Scholz, High Flyers, Peter Lynn, Top of the Line, Tony Slater, Raindrop Kites, Graham Wyle, Wolfgang Schimmelpfennig, Rare Air Kites, John Barker (pour son Teddy Bear).

Remerciements de l'éditeur

L'éditeur remercie The Kite Store, qui a prêté ses cerfs-volants pour les prises de vues ; Sarah Kent, à qui la partie consacrée à la fabrication des cerfs-volants doit beaucoup ; Gill et Jon Bloom ; Andy Smith, dont les connaissances en aérodynamique ont été précieuses ; enfin, Mark Thomson pour la mise en page, et Hilary Bird pour l'index.

Crédits photographiques

Photographies : Matthew Chattle, à l'exception des photographies suivantes :

p.1:Barnaby's Picture Library, Robin Dowson ; pp.8-9 : Gill et Jon Bloom ; pp.34, 36 *(au centre)*,36-37 *(Lite Flite)* : Paul Bricknell ; pp.44, 45 *(sauf modèles plat et cellulaire)*, 46-47 *(losange bleu et cerf-voliste)* : Martin Cameron ; pp.17 *(en bas, à gauche)*, 35 *(en haut, à droite)*, 46 *(en haut)* : Sarah Kent ; pp.42-43 : Pictor International ; p.14 *(en haut)*, 21 *(en haut, à droite)*, 24 *(Tri-D)*, 32 *(à gauche)*, 33, 37 *(en haut, à droite)*, 43 *(sous texte)*, 46 *(en bas)*, 59 *(sous texte)* : Susanna Price ; pp.10,11 *(en haut, à gauche)* : Anne Ronan Picture Library ; p.11 *(en haut, à droite)* : Royal Aeronautical Society ; p.6 : Tim Walker.